ŒUVRES

DE

ALBERT GLATIGNY

Il a été tiré de ce livre :

25 exemplaires sur papier de Hollande.
25 — sur papier de Chine.

Tous ces exemplaires ont été numérotés et paraphés par l'éditeur.

ŒUVRES
DE
ALBERT GLATIGNY

POÉSIES COMPLÈTES
Les Vignes folles. — Les Flèches d'or.
Gilles et Pasquins.

NOTICE PAR A. FRANCE.

PARIS
ALPHONSE LEMERRE, ÉDITEUR
27-31, PASSAGE CHOISEUL, 27-31

M D CCC LXXIX

ALBERT GLATIGNY

« La fortune conduit nos affaires mieux que ne pourrait y réussir notre désir même. Regarde, ami Sancho, voilà devant nous au moins trente démesurés géants, auxquels je pense livrer bataille et ôter la vie à tous tant qu'ils sont. Avec leurs dépouilles, nous commencerons à nous enrichir ; car c'est prise de bonne guerre, et c'est grandement servir Dieu que de faire disparaître si mauvaise engeance de la face de la terre.
— Quels géants ? demanda Sancho Panza.
— Ceux que tu vois là-bas, lui répondit son maître, avec leurs grands bras, car il y en a qui les ont de près de deux lieues de long.
— Prenez donc garde, répliqua Sancho ; ce que nous voyons là-bas ne sont pas des géants, mais des moulins à vent, et ce qui paraît leurs bras, ce sont leurs ailes qui, tournées par le vent, font tourner à leur tour la meule du moulin.
— On voit bien, répondit Don Quichotte, que tu n'es pas expert en fait d'aventures : ce sont des géants, te dis-je. »

(*L'Ingénieux hidalgo Don Quichotte de la Manche*, liv. I, chap. VIII.)

'ÉTAIT un grand et maigre garçon à longues jambes, terminées par de longs pieds. Ses mains, mal emmanchées, étaient énormes. Sur sa face imberbe et osseuse s'épanouissait une grosse bouche, largement fendue, hardie et affectueuse. Ses yeux, retroussés au-dessus des pommettes rouges et saillantes, restaient spirituels, quoique bien usés. Quand je le vis, il était tout à fait décharné. Sa peau, que la bise et la fièvre avaient travaillée, s'écorchait sur une charpente robuste et grotesque. Avec son innocente effronterie, ses appétits jamais satisfaits et toujours en éveil, son grand besoin de vivre, d'aimer et de chanter, il représentait fort bien Panurge. En fait de fortes galanteries et de gaietés solides (vous m'entendez), il en savait, comme dit Brantôme d'une honnête dame, plus que son pain quotidien; ce qui, à vrai dire, eût été assez

peu, car il jeûna plus d'un jour. C'était Panurge, mais Panurge dans la lune. Cet étrange garçon avait la tête pleine de visions. Tous les héros et toutes les dames de la Renaissance et du romantisme se logèrent dans sa cervelle, y vécurent, y chantèrent, y dansèrent; ce fut une sarabande perpétuelle. Il ne vit, n'entendit jamais autre chose, et ce monde sublunaire ne parvint jamais que très vaguement à sa connaissance. Aussi n'y chercha-t-il jamais aucun avantage et n'y évita-t-il aucun danger. Pendant qu'il traînait en haillons sur les routes et que le froid, la faim, la maladie le ruinaient, il était perdu dans un rêve enchanté; il se voyait en pourpoint de velours, il buvait dans des coupes d'or et contemplait les éblouissements d'une féerie romantique. Ce pauvre diable avait un bon et grand cœur. Au milieu de ses prodigieuses illusions, il était enflammé de toutes sortes de belles amitiés. Il se montra toujours reconnaissant envers les poètes, auxquels il emprunta son gai savoir et la révélation de sa propre nature, envers les amis qui s'inquiétaient de son incroyable dénuement dont il ne s'apercevait pas lui-même, et enfin envers l'admirable femme qui lui révéla, à la dernière heure, une haute morale et qui donna à sa fin une pureté, une noblesse inattendues et des consolations indicibles. Chemin faisant, il fit des vers joyeux, brillants, spirituels, tournés avec un art à la fois savant et facile, et qui sont d'un poète. C'en est assez, ce me semble, pour qu'on rappelle en quelques pages la vie de ce Don Quichotte de la poésie romantique qui fut bon, dévoué, généreux, et qui n'eut que le tort, peu commun, de voir des lis dans les champs de luzerne.

I.

Albert Glatigny fut nourri dans quelque demeure rustique du Calvados, à l'odeur du cidre, sous les jambons pendus à la poutre enfumée.

Albert Glatigny.

Il était pauvrement et honorablement né d'un brave gendarme et d'une vaillante paysanne*. La souche était bonne et il fallut plus d'une bise et plus d'une gelée pour flétrir le rejeton. Albert Glatigny, dès qu'il porta culotte, fut envoyé à l'école. C'est

---

* Ici, dès l'abord, se dresse devant moi une étrange difficulté. Je ne puis tenir pour l'acte de naissance de mon héros (puisse ce nom de héros contenter l'ombre d'Albert Glatigny) l'acte désigné comme tel dans le livre intitulé *Albert Glatigny, sa vie, son œuvre,* par Job-Lazare. Paris, Bécus, 1878, in-18. — Cette pièce, que je copie d'après la transcription de M. Job-Lazare, porte :

MAIRIE DE LILLEBONNE.

Du vingt-huitième jour du mois de juin, l'an mil huit cent quarante-trois, à onze heures du matin, acte de naissance d'un enfant qui nous a été présenté, et qui a été reconnu être du sexe masculin, au domicile de ses père et mère ci-après nommés.

Fils de Isidore-Clément Glatigny, âgé de vingt et un ans, contre-maître, et de Louise-Victorine Leber, son épouse, âgée de dix-huit ans, demeurant ensemble à Lillebonne, et mariés en cette ville, le douze mars mil huit cent quarante-deux. Lequel enfant a reçu les prénoms de Ernest-Albert...

Ce document, s'il devait être admis sans examen, aurait pour effet de hérisser d'inextricables difficultés la biographie d'Albert Glatigny. Il est certain que notre poète faisait partie, en 1856, de la troupe comique dirigée par un sieur Blanchereau. Il est certain qu'il se maria à Beaumesnil le 11 février 1871, et qu'il mourut à Sèvres le 16 avril 1873. Or il est peu admissible qu'il se soit engagé dans une troupe

chose ordinaire en pays normand. Là, les petits grimauds du village vont quasiment tous à la maison d'école apprendre à lire le *Pater* en latin, sous la férule d'un magister en blaude qui, chaque dimanche, rédige les contrats dans les cabarets, écrit pour les vieux pères à leurs filles, servantes dans les

comique à l'âge de treize ans, sans que son père ne l'ait saisi par le fond de la culotte sur les tréteaux mêmes du sieur Blanchereau, et ne l'ait réintégré sous le chaume familial avec une volée de bois vert. Enfin, pour ce qui est de l'âge auquel il se maria, nous possédons son témoignage formel. Il avait, dit-il, quand il eut le bonheur d'épouser Mlle Dennie, trente-trois ans sonnés. Cet acte fut accompli, comme j'ai dit, le 24 janvier 1871.

Enfin, les lettres qui firent part de la mort du poète portent cette mention expresse : « *M. M. Glatigny (Joseph-Sénateur), Mme Glatigny (Rose-Alexandrine); M. Glatigny (Arthur) et leur famille; Mme Glatigny (Emma); M. Victor Garien, ont l'honneur de vous faire part de la perte douloureuse qu'ils viennent de faire en la personne de M. Glatigny (Albert-Joseph-Alexandre), ... décédé le mercredi 16 avril 1873, à l'âge de trente-quatre ans, en son domicile, 11, avenue de Bellevue, à Sèvres.* » Ce document, rédigé sous les yeux de la mère et de la veuve du poète par son beau-frère, contredit l'acte donné par M. Job-Lazare sur trois points essentiels : 1° les prénoms des père et mère du défunt ; 2° les prénoms du défunt lui-même (qui sont ici *Albert-Joseph* et non plus *Ernest-Albert*) ; 3° la date présumée de sa naissance qui se trouve ramenée à l'année 1839. — C'est cette date de 1839 que toutes sortes de raisons me font adopter. Je suis persuadé que l'acte produit par M. Job-Lazare est l'acte de

villes, chante au lutrin, donne un coup de main pour rentrer les foins quand le temps menace, et est, avec le curé et le barbier, une des fortes têtes de l'endroit. Voilà le pain quotidien, ou, comme dit Gargantua, « la manne de bonne doctrine » qui est uniformément distribuée à tout petit Normand.

naissance d'un cousin de notre poëte. M. Lemerre, mon très gracieux éditeur, qui a donné en plusieurs circonstances à Albert Glatigny les preuves d'une amitié sincère et désintéressée, voudra bien, j'en suis persuadé, faire rechercher le véritable acte de naissance du rimeur qu'il a si bien publié, et substituer simplement à cette ennuyeuse note la prose plus brève et plus décisive de l'officier municipal. Je ne veux pas toutefois quitter le bas de la page sans dire un mot de l'aimable petit livre de M. Job-Lazare. Ce pseudonyme cache le nom d'un homme de cœur et d'esprit, Alsacien de naissance, Français depuis 1871, comme avant, gros industriel, maire de son village et poëte à ses heures. M. K*** (il ne voudrait pas être nommé en toutes lettres) fut l'ami d'Albert Glatigny, un ami des mauvais jours, et il lui appartenait, autant qu'à personne, de se faire le biographe du poëte dont il avait toute la confiance et toute la sympathie. Le livre de M. K*** a son accent propre et contient un grand nombre de pièces très curieuses. Je n'entends pas du tout que ma notice dispense de le lire. — J'ai sous les yeux, grâce à l'obligeance de M. Victor Garien, un grand nombre d'articles relatifs à Glatigny. J'en distingue celui de M. Camille Pelletan. Celui-là est un portrait plein de relief, de couleur, de vie. Tous les biographes de Glatigny devront y recourir. (*Alb. Glatigny*, par *Camille Pelletan*, dans *la Renaissance* du 26 avril 1873.)

Mais le jeune Albert y ajouta une miette d'ambroisie. Agé de quinze ans à peine, il explora le grenier de la maison paternelle. Les greniers sont en province et à la campagne des réduits pleins de mystère où les garçons curieux font de merveilleuses découvertes. Je n'en veux pour exemple que Jean-des-Figues et la malle du cousin Mitre. « On l'avait reléguée, cette malle, au *plus-haut*, sous les combles, pêle-mêle avec les buffets vermoulus, les tableaux sans cadre et les vieux fauteuils hors d'usage. C'était la malle du *pauvre Mitre**. » Jean-des-Figues l'ouvrit et y trouva diverses choses, telles que gants, pantoufles et portraits de femme, pipe turque et lettres d'amour, qui firent de lui, pour le reste de ses jours, un fou et un poète. Albert Glatigny fit dans le grenier du gendarme une de ces trouvailles qui, comme la lampe

---

* *Paul Arène. La Gueuse parfumée*, page 23. — Je parle de *Jean-des-Figues* comme je parlerais de *Candide*. *Jean-des-Figues* s'ajoutera, à son heure, aux petits classiques français. Avez-vous remarqué que les livres qui deviennent classiques sont précisément ceux qui l'étaient le moins lors de leur apparition?

merveilleuse d'Aladin et la malle du cousin Mitre, prédestinent celui qui les découvre à une destinée singulière. Albert Glatigny trouva, au milieu des vieilles caisses, un livre, et ce livre n'était pas, comme on pourrait le croire, *le double* ou *le triple Liégeois, le Messager boiteux, l'Histoire d'Estelle et de Némorin, la Clé des songes, les Quatre fils Aymon, la Cuisinière de la ville et de la campagne, la Bibliographie du général Cavagnac, l'Invention de la vraie Croix,* livres à l'usage des bons villageois; c'était un tome dépareillé des *Œuvres de messire Pierre de Ronsard, gentilhomme vendomois.* Cet illustre bouquin, sorti en 1560 des presses de Gabriel Buon, dormait là dans la poussière, après trois siècles d'injure et d'oubli, dans un silence troublé seulement par les grignotements sourds des rats et les appels plaintifs et les querelles des chats inquiets. Le jeune Albert Glatigny ouvrit le livre et, chose merveilleuse! il comprit ce vieux et fier langage, ce beau parler latin, ces façons galantes, ces bravoures de rythme, ces images antiques, ces figures de dames et de dieux, toute cette lyre enfin qui sonna si haut sur la France des Valois. Ce garçon de village, dévorant les odes du prince des vieux rimeurs français, montre sa noble origine et prouve qu'il était poète de race. Qu'importe ce qui est écrit? Ce qu'on lit compte seul. Un miroir ne sert de rien à un aveugle. J'affirme qu'il n'y avait pas alors en France, dans les universités et dans les académies, vingt personnes capables de lire Ronsard comme le lisait ce petit paysan*.

Mais qu'allait-il devenir? Un jeune campagnard, sachant, comme lui, l'arithmétique et l'histoire sainte, fait le plus souvent connaissance avec la charrue et la faux paternelles. S'il a des goûts supérieurs à sa condition, une bonne conduite et pas de bien, il entre au séminaire et se fait curé. Il y a aussi, dans les villes, des industries qui tentent les gars qui ne sont point manchots. C'est, par exemple, un joli métier que celui de sculp-

---

*Cette histoire du *Ronsard* trouvé dans le grenier a été contée par Albert Glatigny à l'excellent poète José-Maria de Heredia, de qui je la tiens.

teur de meubles. L'art rustique des armoires
et des buffets à fleurs se perd; c'est dom-
mage!. Mais quand on a de l'esprit au bout
des doigts, on peut encore gagner sa vie à
sculpter en plein chêne des bouquets d'églan-
tines et de marguerites. Est-ce cela qui tenta
Albert Glatigny? Devait-il à Lisieux, comme
jadis maître Adam à Nevers, manier le rabot
et la varlope en composant des chansons?
Non; il était d'humeur vagabonde et, s'il se
fit clerc d'huissier (il ne manque pas d'huis-
siers en Normandie), ce fut uniquement pour
sauter tout le jour les ruisseaux et porter
par le chemin le plus long les assignations
aux pauvres gens. Je ne sais dans quelle rue
de petite ville brillaient au soleil sur le mur
de pierre grise les panonceaux de l'officier
ministériel qui, pour ses péchés, prit comme
petit clerc le fils du gendarme; mais j'ima-
gine qu'il soupira d'aise sous ses favoris et
ses lunettes quand, un beau matin (ce devait
être un beau matin), il ne vit pas reparaître
dans son étude l'espèce de Faune en délire
auquel il avait imprudemment confié la signi-

fication de ses exploits. Le petit clerc avait, comme le petit Poucet, chaussé les bottes de sept lieues et fait une belle enjambée. Il était entré comme apprenti dans une imprimerie. L'imprimerie était à Pont-Audemer, et Glatigny, coiffé d'un bonnet de papier et travaillant sur la *casse,* compléta son instruction par la lecture du journal de Pont-Audemer.

J'employais, l'autre jour, un brave menuisier qui s'est fait des connaissances nombreuses et variées en lisant des cornets à tabac. Il avait appris, entre autres choses, sur ces cornets, la jeunesse de Catherine II. Il me demanda comment Catherine était parvenue à se débarrasser de son stupide mari. Cela n'était pas sur les cornets. Que de choses aussi n'étaient pas dans le *Mémorial de Pont-Audemer!* Albert Glatigny tournait à l'homme de lettres, quand il assista aux représentations données à Pont-Audemer par une troupe de comédiens ambulants. Que vit-il à la lumière des quinquets ? Des pauvres diables jouant les grands seigneurs, des meurt-de-faim en bottes molles, des loques, des grimaces? Non pas, certes! Il vit un monde de splendeurs et de magnificences. Ces paysages tachés d'huile, ces ciels crevés, lui révélaient la nature qu'il voyait avec ravissement pour la première fois. Ces grands mots mal dits lui enseignaient la passion; ses yeux étaient dessillés; il voyait, il croyait, il adorait. C'est avec l'ardeur d'un néophyte qu'il reçut le baptême de la balle et qu'il entra dans la confrérie. MM. les comédiens furent bons princes et estimèrent que l'apprenti-imprimeur saurait les souffler aussi bien qu'un autre. Quant à lui, son ambition n'était pas de s'enfariner le visage, d'avoir sur la nuque un papillon au bout d'un fil de fer et de recevoir agréablement des coups de pied, mais, comme bien vous pensez, de porter le feutre à plume, de se draper dans la cape espagnole et de traîner la rapière funeste aux traîtres. Or, sa face de carême, son corps long comme un jour sans pain, ses pieds interminables qui le précédaient de longtemps sur la scène, faisaient de lui un personnage fort différent de Mélingue et tout à fait incongru sous le velours et la soie. Quand vous saurez que, doué du plus pur accent normand, du parler traînard de Bernay, il était en outre affecté d'un bredouillement qui lui faisait manger la moitié des mots, vous reconnaîtrez qu'il fut sifflé et hué en toute justice. Il alla de Pont-Audemer à Falaise, de Falaise à Nevers, de Nevers à Épinal, d'Épinal à Belfort, de Belfort je ne sais où et de Paris à Bruxelles. A Bruxelles, en 1866, il était pitoyable. Il se voyait sublime. Que voyait-il qui ne fût sublime?

Son roman comique fut complet. En plein hiver, habillé tout du long de nankin, il s'éprit d'amour pour une princesse de théâtre dont il brigua les faveurs comme si elle ne devait pas rencontrer, chemin faisant, des secrétaires de préfecture et, dans chaque ville, messieurs les membres du cercle agricole et commercial. Il se croyait Destin ; il voyait en elle Mlle de l'Étoile. Le malheur fut que cette l'Étoile-là n'entendait rien aux amours poétiques. L'infortuné Destin, abîmé de désespoir, voulut se plonger son canif dans le cœur, se fendit le pouce et n'en resta pas moins un détestable comédien.

La poésie lui réussit infiniment mieux. C'est à Alençon, dit-on, que les *Odes funambulesques* de Théodore de Banville lui tombèrent sous les yeux. Ces poèmes lyriques et moqueurs, pleins de grâce capricieuse, de joie spirituelle, de fantaisie charmante; ce livre, qu'on lit comme une bluette et qu'on relit comme un chef-d'œuvre, finit l'initiation commencée par le vieux Ronsard. Ces arbres bleus, ces ciels roses, ce grand nombre de lis et de cytises ; ces courtisanes spirituelles, ces hommes de lettres disloqués et souriants, ce monde absurde et charmant qui est une fête de fous et dans lequel les imbéciles n'ont d'autre fonction que d'amuser beaucoup les gens d'esprit, ce monde où tout rit, étincelle et s'en va en fumée, c'était précisément le monde réel comme le comprenait notre Glatigny, qui voyait de ce même bleu et de ce même rose, mais qui ne savait pas dire encore et qui épela en écolier généreux les *Odes funambulesques* et, sans désemparer, les poésies de Victor Hugo, d'Alfred de Vigny, de Charles Baudelaire et de Leconte de Lisle.

Il acheva de se déniaiser à Paris, aux abords de la brasserie des Martyrs, en compagnie de Baudelaire, de Monselet, de Malassis, de Charles Bataille. C'est alors qu'il donna les *Vignes folles*. Il avait dix-huit ans.

Comme il avait deviné Ronsard, il devina Paris à première vue, et fut Parisien du premier coup; mais son humeur vagabonde l'emporta et il reprit sa vie errante.

Comment conter ce roman comique? comme il le sentit, avec toutes les illusions d'un halluciné qui vit dans un rêve perpétuel? Le récit en serait magnifique, mais il faudrait, pour le faire, une imagination d'une trempe singulière. Devrai-je, par contre, m'arrêter à toutes les misères, à toutes les humiliations qu'il n'a pas soupçonnées lui-même? Ma relation serait bien triste et bien monotone. Et à quoi bon? ce trait seul ne suffira-t-il pas? C'était aux environs de 1864. Glatigny, déjà malade et crachant le sang, écrivait, de je ne sais quelle sous-préfecture, à son ami Jules de Prémaray :

« ... Je jouerai le rôle du souffleur ; je ne puis sortir du trou et monter sur la scène que dans les pièces qui ne sont pas en habit noir, parce qu'alors on me fournit le costume[*]. »

J'arrive vite aux heures de gloire. Notre comédien les eut à Paris, car la gloire est parisienne. Il joua aux *Bouffes*, dans les *Deux Aveugles*, le rôle du passant. Ce passant met un sou dans le chapeau d'un aveugle, ne dit rien et passe. On raconte, et je le crois sans peine, qu'un soir Glatigny n'avait pas un centime. En cette conjoncture, il retourna ses goussets et dit : « Je n'ai rien à vous donner aujourd'hui, mon brave homme. » Cette phrase, qui lui valut une forte amende, fut à peu près tout ce que les spectateurs parisiens lui entendirent réciter de prose. Vers le même temps il joua, au *Théâtre-*

---

[*] Cette lettre a été publiée par M. Félix Frank, peu de temps après la mort de Glatigny, dans un article que j'ai sous les yeux et qui a été découpé de telle sorte que le titre et la date du journal ont disparu.

Lyrique, dans *l'Othello* d'Alfred de Vigny, le *troisième sénateur.* Il avait à dire un vers et demi et touchait 2 francs par soirée.

J'ai gardé, pour finir, le trait le plus mémorable de sa carrière dramatique. C'était dans je ne sais quelle sous-préfecture. On jouait *Andromaque*, pour le malheur de Racine. Glatigny tenait le rôle modeste de Pylade, et il n'y brillait pas. Mécontent de son succès et persuadé, en bon romantique, que Racine était ridicule, il se laissa aller à une très grosse, mais très innocente plaisanterie. Dans la scène II de l'acte III, annonçant l'entrée d'Hermione (je ne sais quelle était cette Hermione; le ciel lui accorde de ravauder en paix les bas de sa famille!), le Pylade de Basse-Normandie récita les trois vers écrits par l'auteur d'*Andromaque* et en ajouta deux autres tout à fait étrangers au texte. « Gardez, dit-il,

> « Gardez qu'avant le coup votre dessein n'éclate :
> Oubliez jusque-là qu'Hermione est ingrate;
> Oubliez votre amour. Elle vient, je la *vois,*
> Et, si *celle* du sang n'est point une chimère,
> Tombe aux pieds de ce sexe à qui tu dois ta mère. »

L'effet de ces deux vers de Legouvé, soudés au texte de Racine par le plus énorme calembour, trompa complètement l'attente du Pylade goguenard. L'aristocratie de la petite ville, loin de soupçonner une malice, fut saisie des transports de l'admiration la plus pure, et les autorités donnèrent le signal des applaudissements.

Il eut toutefois sur les planches, non comme acteur, mais comme improvisateur, un succès mérité. Dans je ne sais quel café-chantant de Paris, *l'Alcazar* m'a-t-on dit, il donna des séances où il fut merveilleux. Il paraissait sur le tréteau après la chanteuse ou le ventriloque et faisait des vers sur les rimes que le public lui jetait. Il laissa loin derrière lui Pradel dans ce genre d'exercice, et son habileté à donner une apparence de sens et d'esprit, un agrément de rythme, une suite saisissable à ces vers construits à l'improviste sur des consonnances assemblées au hasard, surprit les rares connaisseurs, amusa un instant le public et sera notée comme un fait unique. Mais ce qu'il importe de ne pas oublier, c'est que Glatigny ne souffrit jamais qu'un seul feuillet de ces bouts-rimés restât aux mains des étrangers et pût être publié. Il savait, lui qui faisait des vers, que ce n'en était pas. Avant d'en finir avec son existence vagabonde, ses *erreurs,* comme on dit d'Ulysse, je dois nommer un personnage que le poète a lui-même immortalisé dans un sonnet.

Glatigny fut suivi dans toutes ses courses par une compagne qu'il adorait. Cette amie était de race douteuse et de mine commune, mais elle avait beaucoup d'esprit et de cœur. Elle se nommait Cosette et marchait à quatre pattes, car ce n'était pas une chienne savante. On ne pouvait voir Glatigny sans Cosette, et M. André Gill, qui fit le portrait du poète, ne manqua pas d'y ajouter Cosette pour compléter la ressemblance. Cosette avait des passions et elle y cédait.

Glatigny courroucé lui jetait cette parole foudroyante : « Qu'est-ce que Monselet pensera de vous? » Dans une lettre où Glatigny raconte avec une gaieté courageuse les souffrances et les mauvais traitements qu'il a endurés, il ajoute : « Ma pauvre petite chienne a reçu un coup de pied dans le ventre qui a failli la tuer. Pour le coup j'ai pleuré. » Les circonstances dans lesquelles Cosette fut traitée avec cette brutalité sont singulières et méritent d'être rappelées.

Le 1er janvier 1869, après bien des aventures de grands chemins, Glatigny, qui se trouvait alors à Bocagnano, en Corse, fut arrêté par un gendarme et mis au cachot, où il resta enfermé quatre jours sous l'inculpation d'avoir assassiné un magistrat. Le gendarme, doué d'une imbécillité audacieuse, l'avait pris pour Jud qu'on cherchait partout et qu'on ne trouva nulle part. Le gendarme de Bocagnano était comme les chiens de garde : il n'aimait pas les gens mal habillés, et ses soupçons s'éveillèrent au seul aspect des braies et de la veste délabrées du poète-comédien. C'est du moins ce que révèle le procès-verbal d'arrestation, pièce notoire dans laquelle on lit des phrases comme celle-ci : « Nous avons remarqué cet individu, dont son aspect nous a paru fugitif. » Mais ce qui est plus incroyable et tout aussi vrai, c'est qu'il se trouva un juge suppléant pour écouter cette mâle éloquence, répondre ce seul mot : « Effectivement » à toutes les lumineuses observations de la gendarmerie et faire mettre l'inculpé dans un cachot, d'où M. le procureur impérial le fit sortir, comme vous pensez bien, en toute hâte.

Glatigny montra en cette circonstance beaucoup d'esprit, une belle humeur charmante. Il se vengea innocemment de son gendarme et du juge suppléant en relatant leurs actes et paroles dans un petit livre très divertissant. Il lui eût été facile et profitable de déclamer, de prendre la chose de haut, au point de vue social, au point de vue politique. Mais j'ai dit que Glatigny avait beaucoup d'esprit. De plus, il était sans fiel et incapable de rancune. Cette œuvre de bêtise, cette incroyable arrestation fut d'autant plus odieuse que la victime, épuisée par plus dix ans de jeûne et de misère, était alors dans un état lamentable de délabrement. Aux trois quarts aveugle, perclus de rhumatismes, brûlé de maux d'estomac, consumé de phtisie, Glatigny avait usé son pauvre corps jusqu'à la dernière fibre.

Voici ce qu'il écrivait de Santa-Lucia, en octobre 1869, à celui de ses amis, qui se cache sous le nom de Job-Lazare :

« Je crains bien de ne plus avoir à vous écrire. Il m'est impossible de quitter la Corse, faute d'argent, aucun des journaux à qui j'ai envoyé de la copie ne m'ayant répondu. D'un autre côté, je suis plus malade que jamais ; pas de médecin, rien, isolement complet, et la poitrine dans un état qui me fait croire que ça ne durera pas longtemps. Portez-vous mieux que moi. Je m'arrête pour cause d'éblouissements dans les yeux.

« Votre ami bientôt *feu,*

« A. G. »

C'est dans cet état que, vers les premiers jours de 1870, l'enfant normand, prodigue de sa vie, vint, en se traînant, jusqu'à la maison paternelle et tomba, brisé et souriant, sur la bancelle, devant le feu de branchages de la grande cheminée. Bientôt il put s'as seoir au banc du seuil, sous la maigre vigne, le dos appuyé au mur tiédi par le soleil humide du printemps, et là rimer, songer, regretter peut-être les brasseries du quartier latin et les cabarets des grandes routes. Mortellement atteint, il goûtait des heures de rémission, quand la guerre éclata: Les armées allemandes, en s'étendant sur Paris, chassèrent loin devant elles, entre autres fugitives, une jeune orpheline, Américaine de naissance, Française d'éducation, qui, deux ans auparavant, avait connu le poète vagabond à Nice, où elle vivait avec son frère. Quand Mlle Emma Dennie s'installa à Beaumesnil, Glatigny en sortit. Nous saurons tout à l'heure le secret de cette fuite, nous verrons que le pauvre garçon pouvait dire comme le héros de son ennemi Racine:

« Si je la haïssais, je ne la fuirais pas! »

Je ne sais rien de plus touchant que l'histoire du mariage de Glatigny, telle qu'on la trouve dans les lettres qu'il écrivit à M. Garien, frère de l'orpheline. Je transcris les lettres d'après les originaux qui m'ont été communiqués bien gracieusement par M. Garien lui-même.

« Beaumesnil, 14 décembre 1870.

« Mon cher Garien,

« Il vient de se passer un grand événement. Nous nous sommes aperçus, Emma et moi, que nous nous aimions, et le premier confident de cet amour, c'est vous. Elle veut bien être ma femme. Je suis tout étourdi de ce bonheur qui m'arrive. Je le mérite si peu! Mais elle veut bien de moi tout de même. C'est en parlant de vous que nous nous sommes fait notre confidence. C'est en de bien tristes circonstances. Nous attendrons, pour nous marier, que vous soyez revenu près de nous et que je sois guéri tout à fait; ce qui ne tardera pas. Quelle joie de se sentir un amour honnête et pur! Vous la comprenez, vous qui avez une fiancée. Moi, je ne savais pas ce que ça pouvait être. J'ai dit la chose à ma mère. Elle en est contente. Personne de nous n'humiliera l'autre avec sa richesse. C'est ça qui va me faire travailler comme je ne l'ai jamais fait... Je veux devenir quelque chose pour ce cher être dont le cœur se partage entre nous deux. Nous n'aurons pas besoin de nous quitter. Quand vous serez marié, on pourra mêler les deux ménages. C'est notre rêve. Répondez-moi vite, mon cher frère. Dites-moi que cela ne vous fera pas de peine, et que vous croyez que je rendrai Emma heureuse comme elle doit l'être. Je ne suis plus seul. Et je me voyais déjà vieux garçon, inutile. Trouver une femme bonne et douce. Écrivez-moi vite. Je ne sais pas ce qui se passe ici. Je n'ai qu'Emma dans le cœur et la tête, tant que vous ne m'aurez pas répondu...

« ALBERT GLATIGNY. »

« Beaumesnil, 19 décembre 1870.

« Avez-vous reçu nos lettres ? se sont-elles égarées dans le tohu-bohu d'il y a huit jours. Les nouvelles se font rassurantes de notre côté. Les voitures vont jusqu'à Saint-Germain, mais il ne s'agit pas de cela. Avez-vous reçu la lettre que je vous ai envoyée à Lisieux et où je vous dis que nous nous aimons, Emma et moi, et que nous attendons votre retour pour nous marier ? C'est en parlant de vous, cher frère, que nous nous le sommes dit. Elle pleurait en se voyant éloignée de vous. C'est à ce moment que je me suis aperçu de la profondeur de mon amour pour elle. Sans ces désastres, je ne me serais rien avoué à moi-même. Je puis vous dire sûrement que je la rendrai heureuse, car ce n'est pas un coup de tête qui m'a fait tomber à ses genoux. Le doux sentiment réfléchi que j'ai pour elle a poussé mystérieusement ses racines depuis longtemps. Je me laisse aller à ce charme que je n'aurais pas soupçonné autrefois. Jamais il ne m'était arrivé d'éprouver cette immense joie d'aimer une femme honnête, bonne, pure, que l'on respecte. Comment a-t-elle voulu de moi ? Cela me passe. Je n'ai rien de séduisant. Je suis laid et je n'ai jamais su parler qu'à des cabotines. Comme je vais travailler à présent, et avoir du talent ! Nous parlons de vous tous les jours et de votre fiancée. Notre bonheur ne va pas sans le vôtre. Mes parents savent tout, car je n'aurais pas voulu qu'un seul mauvais soupçon pût courir sur Emma. Je l'aime, si vous saviez !... Et je vous le dis comme je n'ose pas le lui dire à elle-même. Tout est changé en moi. Je vois la vie autrement. Quelle belle chose qu'un amour sain et pur ! que c'est charmant et bon ! Je pleure d'attendrissement, en voyant ce doux être qui me transforme d'une si heureuse manière et que ma mère appelle sa fille. Tous nos malheurs vont finir bientôt. Alors vous reviendrez. Vous me ferez connaître ma petite sœur de Nice, dont Emma me parle avec son bon cœur. C'est cet amour délicat qu'elle a pour vous qui m'a fait l'aimer. Quelle femme que cette sœur ! Mais vous la connaissez. Je m'arrête. »

Le reste de la lettre est relatif à la défense de Bernay. Rien de plus brave ni de plus honnête au monde que les sentiments qui animent Glatigny, en face des malheurs de la patrie. Seul avec un vieillard, il salue le drapeau français qui traverse Beaumesnil. Il bouillonne d'amour et de haine, il est farouche et généreux. Mais il trouve à nos défaites des explications de carrefour; l'indiscipline des mobiles lui inspire quelque enthousiasme; il se fait sur certains corps francs des illusions quasi filiales. Que voulez-vous? Malgré sa lyre, il est peuple. Il faut lui savoir gré de ne point réclamer la levée en masse et de ne point compter outre mesure sur la *Marseillaise.*

« Beaumesnil, 24 décembre 1870.

« Mon cher Garien,

« ... Que nous conseillez-vous? Attendre, pour nous marier, Emma et moi, que Paris soit libre, ou nous épouser tout de suite à Beaumesnil? Vous auriez une permission pour venir. Ce dernier parti aurait cela de bon qu'Emma et moi avons besoin de soleil et que nous pourrions, le lendemain du mariage, aller attendre le printemps à Bayonne ou à Pau. Je peux partir avec ma femme et non avec ma fiancée... Elle m'a dit que vous saviez mon amour pour elle. Vous avez dû penser que j'étais un drôle d'amoureux. C'est que je l'aimais tant. Je ne suis resté aussi longtemps à Serquigny que parce que j'avais peur d'elle. C'était pour m'en éloigner que je voulais aller à Bruxelles. Je ne pouvais pas croire qu'elle pût m'aimer autrement que comme un bon garçon qu'on voit tous les jours. Jamais, sans la frayeur où je l'ai vue le jour où nous vous croyions à Pont-Audemer quand les Prussiens y sont venus, je n'aurais osé lui dire que je l'aimais. Avec quelle épouvante j'ai attendu sa réponse. -Jamais, même dans mes rêves, je ne l'ai vue autrement que ma femme. Aujourd'hui encore, après qu'elle m'a dit : *oui*, je doute, je m'arrête ; j'en pleure de joie. Comme je veillerai avec amour sur ce bon petit être !

« Je vous embrasse,

« ALBERT GLATIGNY.

« *P. S.* Le pays est tranquille pour quelque temps et, j'espère, pour toujours, si cela continue. »

Ce frère respecté comme un père de famille, ce jeune homme austère et doux, soldat et fiancé, à qui on demandait avec tant d'ardeur et de déférence le consentement au mariage, put écrire enfin et envoyer aux fiancés une lettre que je n'ai pas, mais que je devine, et dont le sentiment affectueux et grave répondit admirablement à l'amour profond du poète et de la sœur. Qu'elle fut sage et bonne, cette lettre, cette double lettre (car il y avait une page pour l'un et une page pour l'autre), qu'elle fut bien venue! la réponse que j'ai sous les yeux n'est qu'un cri de joie, une poussée de bonne gaieté, un gros rire entre des larmes : la famille du fiancé était en deuil et Albert Glatigny pleurait son cousin Albert Dupont, pauvre enfant mort pour la patrie. Glatigny n'a d'yeux que pour son Emma. Cette gracieuse Parisienne se mêla, à ce que je vois, de cuisine normande : elle voulut faire fondre du beurre dans un plat d'étain, c'est le plat qui fondit. Et voilà notre amoureux dans l'enchantement*. Comme c'est bien ainsi que vont les heures quand on

---

* Lettre du 1ᵉʳ janvier.

s'aime! et comme il est vrai que les plus grandes amours sont composées, minute par minute, de petites aventures pareilles à celle du plat d'étain.

La lettre suivante exprime la même joie, mais réfléchie et méditée, ou, pour dire plus justement, remâchée et savourée :

« Beaumesnil, 7 janvier 1871.

« Nous attendions votre lettre avec impatience, afin de savoir où vous écrire. Ici nous allons tous bien. La joie a fait pour moi plus qu'une année de remèdes. Emma boit de l'eau de goudron comme un ange et ça lui fait un bien dont elle se ressent... »

Je m'arrête et le lecteur s'arrêtera avec moi pour sentir tout ce qu'il y a de charmant et de pénible dans l'illusion de ces deux êtres excellents qui s'aiment, qui vont mourir, atteints du même mal, et qui, heureux l'un par l'autre, se croient l'un et l'autre sauvés. Mais se trompaient-ils tant, après tout? Est-ce que les heures d'amour ne sont pas les seules qui comptent dans la vie? Qu'importe que le temps nous soit mesuré, si l'amour ne nous l'est pas ! Souhaitons pour chacun de nous que le songe de la vie soit, non pas long et traînant, mais affectueux et consumé de tendresse.

Je ne reprendrai pas la lettre où je l'ai laissée : j'y trouverais en chemin trop de colères civiques, trop d'amertumes. Il faudrait, pour les excuser, rappeler les affres de l'année terrible et prouver qu'en fait d'imprécations tout alors était permis aux vaincus. Je m'en tiens aux choses intimes :

« ... Quant à ma chère Emma, je vous réponds de son bonheur. Je ne l'aime pas comme je l'aurais aimée à vingt ans. J'ai trente et un ans sonnés et je ne suis plus attiré par l'inconnu de la femme. Mon amour est doux et réfléchi, presque austère. Il a poussé ses racines lentement, à mon insu. J'en avais peur. C'est parce que je le sentais croître, et que je n'osais pas espérer qu'Emma me le rendrait que je m'étais sauvé à Serquigny et que je voulais partir de nouveau. Enfin ! ce doux être a bien voulu m'aimer. Quelle reconnaissance je lui dois ! Ce qu'elle m'apporte ce n'est pas seulement une mignonne et charmante femme, c'est le calme, c'est la vie honorable et longue, c'est l'avenir... Elle va être ma femme, elle m'aime ; elle me l'a dit devant les êtres chers qui font l'amour sacré et le changent en devoir. Ma mère l'appelle sa fille et j'ose à peine la regarder. Je suis heureux d'avoir été malade ; cela me fait comme une seconde existence qui est tout à elle. »

Je suis heureux d'avoir été malade. J'ai retrouvé tantôt cette pensée exprimée avec une force bien douce par un grand écrivain qui eut ses âpretés et ses rigueurs, mais aussi ses chaudes effusions, et qui sentit bien profondément, lui aussi, l'amour dans le mariage. Michelet, malade à Nervi, écrivait dans des pages récemment publiées par sa veuve :

« J'ai soupçonné toujours que ce qu'on nomme maladie ou dérangement des fonctions, cela même est une fonction. La maladie apporte avec elle bien des sentiments, des idées, qu'on n'eût jamais eus en santé ; elle nous fait mieux voir bien des choses que l'entraînement de la vie, le cours rapide de l'action et l'éblouissement où elle nous jette, nous empêchaient de distinguer [*]. »

[*] *Le Banquet.*

Oui, nous devons à nos infirmités et à nos misères ce qu'il y a de meilleur dans la vie, le besoin d'aimer. Je me rappellerai toujours cette parole d'un grand vieux médecin : « Il n'y a de bon dans l'homme que sa faiblesse. »

« Ah, la belle et bonne chose qu'un amour honnête ! Je vois tout sous un jour nouveau. Comme je vais travailler pour que ma chère petite femme soit fière de moi ! A présent, il me faut un nom pour elle. Le temps des chansons en l'air est passé. Je sens que je peux faire des œuvres sérieusement belles, et je les ferai. Je lui dois cela pour la remercier de m'avoir régénéré... »

Après deux lettres qui témoignent d'une bonne et grosse joie et qu'on devine écrites au milieu d'une épaisse gaieté, qu'il avait l'esprit de rendre bien bête pour qu'elle restât sourde et aveugle et ne se déconcertât de rien, après ces deux lettres je trouve un billet patriotique d'un accent âpre et fier. Pendant ce temps, les papiers nécessaires au mariage arrivèrent; le mariage fut célébré, sans cérémonie, comme vous pensez, non à l'église ni à la maison commune de Beaumesnil, mais dans la chambre où Glatigny était retenu par des douleurs lombaires qui n'avaient que trop de connexité avec sa maladie de poitrine. Des tubercules se développaient dans ses reins comme dans ses poumons. Effroyable et lente désorganisation, dont le patient n'a conscience que par la souffrance, qui n'est, nullement d'ailleurs en proportion du désordre interne ! Dans le cas présent (notre poète est, hélas ! un cas pathologique), une sorte de bravoure naïve faisait mieux encore que l'ignorance et donnait du cœur au malade. Quand on songe que cette douce et héroïque jeune fille, qui se donnait au poète malade, était malade elle-même, et travaillée, moins cruellement mais non moins sûrement, par la même affection, on éprouve, je crois, un sentiment qui, tout en étant plus désolé, est moins amer. On se dit : ils ne vivront ni l'un ni l'autre ; ils mourront ensemble.

« 24 janvier.
« Mon cher frère,

« C'est fait. Avant-hier soir, le bon monsieur Benard m'a condamné au bonheur à perpétuité.

Une atroce douleur de reins, qui m'empêchait de marcher, a fait célébrer le mariage dans ma chambre. C'est M. Delaplace et Vannier qui servaient de témoins à Emma ; M. Degousy et son beau-père étaient les miens. Mon cœur déborde de joie. Hier nous avons été assez égoïstes pour ne pas avoir le temps de vous écrire. Que le même bonheur vous arrive bientôt. Attendez-moi d'un moment à l'autre. Encore trois ou quatre jours de repos et nous allons vous sauter au cou. Chez nous on désire la paix et je crois que la guerre ne serait que la continuation des désastres. Que cette horrible épreuve soit vite terminée ! Je cède la place à Emma. Nous vous embrassons de toutes nos forces.

« Votre frère,

« ALBERT GLATIGNY. »

Je pourrais transcrire ici la lettre de Mme Glatigny. Mais est-il besoin de nouveaux témoignages pour montrer au vif l'âme de cette généreuse créature ? Malade, elle se fit guérisseuse. Son amour alla droit au poète souffrant, pour cela même qu'il était poète et qu'il se mourait. Il faut le dire, cette envie, cet engouement de sacrifice n'est pas rare chez les femmes. Le dévouement les tente.

La lettre qui suit est datée de Trouville, le 20 février 1871. Glatigny y parle gaiement de ses douleurs de reins qui n'ont pas cédé :

« ... Je jouis d'une chose qu'on appelle un zona. Ce n'est pas gai. Je ne sais rien d'atroce comme cette douleur qui a le privilège de vous rompre les reins. Ça n'attaque en rien les organes, c'est purement extérieur, mais extérieur à la façon d'une forte dégelée de coups de bâton. Enfin ça va passer. Dussiez-vous en être indigné, je vous avouerai que plus je vais, plus je me sens amoureux d'Emma, et ça prend la tournure de contiuer toujours comme ça. Quel trésor ! Je suis obligé de me pincer pour me persuader que je ne dors pas quand je me dis que c'est ma femme. Cosette devient d'une exigence incroyable, par exemple ! C'est la personne la plus importante du ménage. On ne peut rien faire sans sa permission...

« Nous vous embrassons bien fort,

« ALBERT GLATIGNY. »

Glatigny écrivait constamment pendant sa maladie. Outre les odes et les drames qui lui tenaient en tête, il fit pour *le Rappel* des satires politiques fort imitées des *Châtiments*. Un petit acte de lui, *le Bois,* avait été joué et applaudi à l'*Odéon*. Sa maladie, plus avancée, était moins douloureuse. Dans l'espoir de guérir, il partit pour Bayonne dans l'automne de 1872.

« 11 septembre 1872.

« Mon cher Victor,

« *Nous sons* sur notre départ. »

« 13 septembre (même année).

« Mardi, 17, nous nous mettons en route pour la ville de Bayonne. J'emmène Javotte, Emma et Cosette. Cosette ira dans la cage; Javotte a un panier spécial. Quant à Emma, je crois qu'on pourra la laisser libre dans le wagon. Mes affaires sont à peu près arrangées à l'Odéon et je crois que nous pourrons passer l'hiver tranquillement. Depuis une dizaine de jours, je ne souffre plus ou du moins si peu que ce n'est pas la peine d'en parler. J'ai hâte d'être en chemin de fer. Nous comptons rester à Bayonne jusqu'à la fin de mars. Si je pouvais en revenir complètement rétabli! J'emporte de la besogne à faire. Emma, à qui je demande si elle a quelque chose à faire dire, manifeste son mépris pour la manière dont je traduirais sa pensée, en me répondant qu'elle vous écrira *elle-même!* Voilà.

« Je vous serre la main à tous deux.

« ALBERT GLATIGNY. »

Il écrivit de Bayonne :

« Mon cher Victor,

« Que devenez-vous ? Depuis dix jours, nous attendons la lettre que vous nous avez annoncée. Bonnes ou mauvaises, donnez-nous de vos nouvelles... Chez nous, rien de neuf. Il pleut toujours à verse. Emma en profite pour laisser Cosette une demi-heure dehors tous les matins ; après quoi elle s'écrie : Pauvre bête ! Mais ça n'empêche pas Cosette d'être trempée. Je vais un peu mieux. Après tout, il ne fait pas froid. Berton ne m'a pas encore écrit. Je vais retirer mon manuscrit et le faire imprimer. Je vois bien que Duquesnel n'en veut pas et qu'il ne reprendra point *le Bois* ainsi qu'il me l'avait promis... Tâchez de voir Dumaine. Ça vous sera facile en allant au Châtelet, un soir. Vous lui direz qui vous êtes et lui demanderez des nouvelles de *Brizacier*. Il ne peut le prendre qu'à la condition d'avoir une pièce en trois actes pour marcher avec, aussi je n'y compte pas trop.

Je vais lui proposer une traduction de *Cymbeline*. Ça aurait plus de chance... Emma vous embrasse ainsi que Modeste. Elle a retrouvé les romans de Mme de Montalieu chez un loueur de livres nommé Mocochain, et se grise avec cette littérature.

« Je vous serre la main.

« ALBERT GLATIGNY,

« 19, rue des Faures.

« P. S. Dites à Lemerre de m'envoyer le livre de Silvestre et ce qu'il y a de réjouissant en nouveautés. »

A cette lettre était joint le billet que voici :

« Cher monsieur Salvador,

« Voulez-vous avoir l'obligeance de remettre le manuscrit de mon drame : *l'Illustre Brizacier*, que j'ai déposé à l'Odéon il y a cinq mois, à M. Victor Garién, qui vous portera ce billet. Je vois bien que M. Duquesnel n'aura jamais le temps de le lire; il est donc inutile qu'il encombre ses cartons plus longtemps.

« Je vous serre bien cordialement la main.

« ALBERT GLATIGNY. »

L'Illustre Brisacier, qu'il ne devait pas voir jouer et qui ne fut représenté qu'après sa mort dans une petite salle introuvable du faubourg Saint-Honoré, était son œuvre de prédilection, et on comprendra ce goût quand on saura que le héros de la pièce, cet illustre Brisacier, est un vieux comédien vagabond, sans talent, mais amoureux du théâtre comme Don Quichotte de la chevalerie. En un mot, c'est Glatigny.

Glatigny avait composé dès 1868 un *Testament de l'illustre Brisacier*, qui me touche beaucoup plus, je l'avouerai, que la pièce de théâtre. Le ton en est franc, le style âpre, le sentiment vrai*. Je ne retrouve ni cette âpreté ni cette franchise dans les tirades empanachées de la comédie.

Je vis Glatigny quelques jours avant sa mort, dans la petite maison située au pied du coteau de Sèvres, sur le bord d'un chemin en pente, raviné par les pluies, où il recevait les soins assidus de sa mère et de sa femme. Faible à ne pouvoir bouger, secoué par des accès de toux dans lesquels il pensait

---

* Voir le livre de M. Job-Lazare, p. 78 et suiv.

rendre l'âme, certain enfin de ne pas guérir, il imaginait de grosses plaisanteries pour égayer sa jeune femme. Je le trouvai qui faisait avec un soin minutieux un théâtre de carton pour un enfant. Il y avait de deux côtés de sa chambre des bibliothèques qui étaient en même temps, par un agencement ingénieux, des caisses pour le voyage et des tablettes pour le séjour. Dans ces demeures de bois habitaient des poëtes vêtus honorablement. Tel recueil de Théodore de Banville était relié en maroquin bleu; tel livre de Victor Hugo était habillé de vélin blanc. Ces reliures si délicates, si craintives, avaient gardé leur fraîcheur à travers les plus étranges aventures. Ce témoignage manifeste de soin et de fidélité acheva de me gagner au pauvre bohême, revenu, hélas! de toutes ses courses.

Albert Glatigny mourut le 16 avril 1873, dans sa trente-cinquième année. Il avait écrit:

>...Que l'on m'enterre un matin
>De soleil, pour que nul n'essuie,
>Suivant mon cortége incertain,
>De vent, de bourrasque ou de pluie.
>Car n'ayant jamais fait de mal

> A quiconque ici, je désire,
> Quand mon cadavre sépulcral
> Aura la pâleur de la cire,
> Ne pas, en m'en allant, occire
> Des suites d'un rhume fâcheux.
> Quelque pauvre dévoué sire
> Qui suivra mon corps de faucheux.

Ses amis le conduisirent au cimetière du village par une de ces matinées de printemps, mêlées de pluie et de soleil, qui ressemblent à un sourire dans des larmes.

Sa veuve lui survécut de peu de mois.

ANATOLE FRANCE.

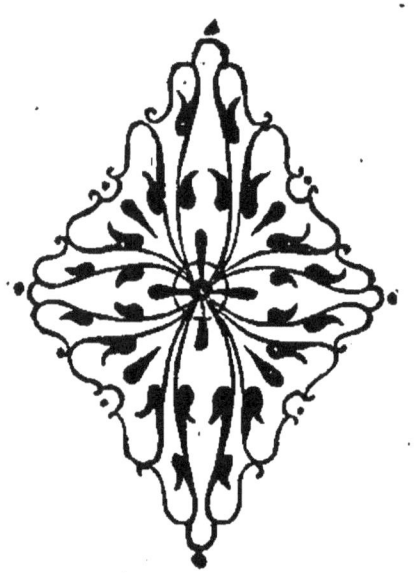

A J. LAZARE.

ES poëmes de la première jeunesse valent-ils la peine d'être réimprimés?

Ils avaient, quand ils ont paru, cette beauté si vite flétrie, la beauté du diable. Quand il m'arrivait d'accoupler deux mots sonores et retentissants, ma joie était sans bornes, et je me souciais peu de savoir s'ils étaient en situation. Un musicien qui passerait l'heure de la symphonie à s'enivrer d'accords et de placages harmonieux, donne assez l'idée de la situation où je me trouvais. La note de la contre-basse est suffisamment grave, au tour de la clarinette à présent. Eh! le premier violon résonne bien. De là toutes ces pièces sans lien commun, accords épars, notes isolées, dont l'ensemble doit composer un étrange charivari.

Et cependant avec quelle foi, avec quel amour ont été écrits ces vers que vous me demandez, mon ami! Là peut-être est le secret du succès éphémère qui les accueillit à leur apparition.

Vous le voulez, je le veux bien, exhumons ces morts oubliés, mais tels qu'ils étaient, sans fard sur la joue, sans retouches savantes. Je n'écrirais plus *Les Vignes folles* aujourd'hui, et il y aurait trop à refaire pour les corriger. D'ailleurs, de même que l'on conserve les portraits d'un homme aux différents âges de sa vie, il est bon de conserver les portraits distants de l'âme d'un poëte. Toutes ces choses puériles, enfantines, ces grandes douleurs à propos d'une piqûre d'épingle, c'est la vérité après tout. Fortunio dit : j'en mourrai ! avec conviction. Plus tard, gras, riche, positif, il sourit en songeant aux déclamations des premières années qui, maintenant, seraient grotesques dans sa bouche.

Hélas! je n'ai jamais été Fortunio. Réimprimons donc ces chansons, avec la date de leur jeunesse, destinée à me rappeler que l'âge est venu. D'autres illusions m'éblouissent aujourd'hui. Valent-elles mieux que celles dont ce livre me rappelle le souvenir? je ne sais. Ce que je sais, c'est que je vous serre la main franchement et de tout mon cœur, et que les vieilles amitiés, plus heureuses que les vieilles amours, n'ont jamais de rides.

ALBERT GLATIGNY.

Nice, 30 mai 1869.

LES VIGNES FOLLES

(1860)

A mon cher et bien-aimé maître
THÉODORE DE BANVILLE
CE LIVRE EST DÉDIÉ.

A. G.

Les Vignes folles.

Vignes folles, grimpez autour du monument.
 Vous n'irez pas bien haut, car, en courbant la tête,
Un enfant passerait sous le porche aisément.

Pauvre édifice nain qu'ignore la tempête !
L'homme doit abaisser sa prunelle bien bas
Afin de l'embrasser du sol jusques au faîte.

Pourtant, Vignes, prenez à l'entour vos ébats,
Montez, enlacez-vous aux colonnes fragiles
Qui portent le fronton illustré de combats.

Pour marbres de Paros je n'ai que des argiles
Que ne veut même pas employer le potier,
Mais j'ai longtemps dessus passé mes doigts agiles.

J'ai planté sur le seuil un vivace églantier
Qui jette à tous les vents ses roses odorantes
Et que l'on aperçoit au détour du sentier.

Quelques jasmins aussi, de rouges amarantes,
Vignes ! se mariront à vos belles couleurs,
Que le soleil de juin fera plus apparentes.

Une fraîche Naïade arrose de ses pleurs
Vos tiges vers le ciel lestement élancées
Et mire dans les eaux ses charmantes pâleurs.

C'est l'asile discret d'où sortent mes pensées,
En odes, en chansons dont l'art impérieux
A pris soin d'assouplir les phrases cadencées.

Là, dans un demi-jour faible et mystérieux,
Elles ont essayé la force de leurs ailes,
Avant de prendre enfin leur vol victorieux.

Pareilles maintenant aux vertes demoiselles
Qui rasent la surface inquiète des flots,
Elles vont au hasard vivre loin de chez elles.

Les Vignes folles.

O choses de mon cœur ! ô rires et sanglots !
Où vous entraîneront les brises incertaines ?
Vers quelles oasis ou sur quels noirs îlots ?

Les voilà, les voilà qui partent par centaines,
Protége-les, Printemps, dieu des bois reverdis,
Qui te plais aux chansons sonores des fontaines !

Les voilà qui s'en vont, aventuriers hardis.
Hélas ! combien d'entre eux sont voués à l'orage !
Combien s'arrêteront au seuil du Paradis !

Pourtant rien ne saura vaincre leur fier courage,
Car toujours devant eux, toujours défileront
Les merveilles sans fin d'un lumineux mirage.

Mais, puisqu'ils sont déjà bien loin, Muse au beau front,
Impassible figure aux ondoyantes lignes,
Déesse devant qui mes genoux fléchiront,

Rentrons sous notre toit couvert de folles vignes !

Aurora.

Je t'aime et je t'adore, ô corps harmonieux
Où vivent les contours des antiques statues,
Marbre fort et serein, colosse glorieux
Aux jambes de blancheur et de grâce vêtues :

Car ton front rayonnant, de cheveux embrasés
Se couvre, comme un mont couronné par l'aurore ;
Sur tes seins, aux lueurs du soleil exposés,
Ma lèvre retentit avec un bruit sonore.

Pour ton nez droit et pur et tes regards emplis
De calme, pour ta bouche aux haleines de myrrhe,
Pour tes bras aux combats nocturnes assouplis,
Enfin pour ta beauté, je t'aime et je t'admire ;

Pour ta seule beauté, je ne veux rien de plus !
Contemplateur ravi, je m'assieds devant elle ;
En elle j'ai fixé mes vœux irrésolus,
Et je puise à te voir une ivresse immortelle !

Que m'importe la fleur de la virginité ?
Que me fait le buisson où ta blanche tunique
Resta, piteux lambeau, sali, déchiqueté,
Épouvantail tordu par le vent ironique ?

Aurora.

O vase merveilleux, coupe où le ciseleur
A fondu, réunis aux riches astragales,
Les pampres où se pend le faune querelleur,
Et sous les frais gazons les agiles cigales !

Je ne veux pas savoir si tes flancs arrondis
Renferment le vin pur à l'onde étincelante,
Ou bien les noirs poisons qui dorment engourdis,
Comme dans un marais la fange purulente.

Victorieuse blonde, ô fille de Scyllis,
Souveraine, déesse, ô forme triomphante,
Corps fait de pourpre vive et de neige et de lis !
Par la joie et l'amour que ton aspect enfante,

Ne crains pas que jamais mon regard indiscret
Poursuive tes pensers dans leur sombre retraite ;
Devant moi si ton cœur de lui-même s'ouvrait,
Pour ne pas regarder, je tournerais la tête !

Qu'importe ce qui vit derrière le rideau,
Quand dans ses larges plis l'or éclate et foisonne ?
N'arrachez pas encore à mes yeux leur bandeau,
Rien ne saurait valoir tout ce qu'il emprisonne.

L'idéal, c'est ta lèvre et ses joyeux carmins,
Tes regards aveuglants qu'un soleil incendie ;
La vertu, c'est ton bras si flexible et tes mains ;
La pudeur, c'est ta gorge insolente et hardie !

Épuise, s'il te plaît, toutes les voluptés ;
Fais, en levant ton front à la foudre rebelle,
Fuir au loin dans le ciel les dieux épouvantés ;
Sois Messaline, sois Locuste, mais sois belle !

Sois longtemps belle, afin que je t'aime longtemps ;
Sinon, quand la vieillesse à la dent vipérine
Aura bien racorni tes genoux tremblotants
Et creusé des sillons dans ta noble poitrine ;

Quand ton bras sera maigre, et lorsque, répandu
En longs filets, l'argent teindra ta chevelure ;
Lorsque tu marcheras comme un vaisseau perdu
Qui vogue à tous les vents sans rame et sans voilure,

A peine si ton nom me parlera de toi,
Et je te frôlerai, toi maintenant si fière,
Ainsi que le passant côtoie avec effroi
Un temple dont l'idole est tombée en poussière !

A Ronsard.

Afin d'oublier cette prose
Dont notre siècle nous arrose,
Mon âme, courons au hasard

A Ronsard.

Dans le jardin où s'extasie
La vive et jeune poésie
De notre vieux maître Ronsard !

Père de la savante escrime
Qui préside au duel de la rime,
Salut ! Nous avons soif de vers ;
La Muse française engourdie
Se débat sous la maladie
Qui gangrène les pampres verts.

Tu fis passer la fraîche haleine
De ta blonde maîtresse Hélène
Dans tes Odes, comme un parfum,
Et tu jetas les pierreries
Qui constellaient tes rêveries
Avec faste, aux yeux de chacun !

Que t'importaient les bruits du monde ?
Que t'importait la terre immonde,
Chantre éternellement ravi ?
Pourvu que ta mignonne rose
Allât voir sa sœur fraîche éclose,
Ton désir était assouvi.

Comme tout est changé, vieux maître !
Le rimeur ne s'ose permettre
Le moindre virelai d'amour ;

La fantaisie a dû se taire ;
Le poëte est utilitaire
De Molinchard à Visapour !

Il n'est plus de stances ailées,
Phébus marche, dans les allées
Des bois, en bonnet de coton,
Ainsi qu'un vieillard asthmatique !
Voici le règne fantastique
Du monstre roman-feuilleton.

On fait un drame au pas de course,
Dans l'intervalle de la Bourse,
Et le bourgeois qu'on porte au ciel,
Le bourgeois au nez écarlate,
Graisse la main à qui le flatte :
De l'argent, c'est l'essentiel !

Au lieu de l'extase féerique
Dont vibrait la corde lyrique,
On n'entend plus que de grands mots
Vides de sens et pleins d'enflure ;
Adieu la fine dentelure
Des vers étincelants d'émaux !

Pourvu que l'on rime en patrie,
En école, *en* idolâtrie,
Et que de l'avenir lointain

On viole le péristyle ;
Que, dans les dédales d'un style
Obscur, on trébuche incertain,

Tout est parfait ! Joseph Prudhomme
Approuve avec sa canne à pomme !
Pauvre Muse ! on t'a fait parler
De tout, ô triste apostasie !
Excepté de la poésie !
On t'a forcée à t'envoler !

Moi, que tout ce pathos ennuie
A l'égal de la froide pluie,
Je veux, rimeur aventureux,
Lire encor, Muse inviolée,
Quelque belle strophe étoilée
Au rhythme doux et savoureux ;

Un fier sonnet, rubis, topaze,
Ciselé de même qu'un vase
De Benvenuto Cellini ;
Des chansons que l'amour enivre,
Des refrains qui nous fassent vivre
Bien loin, bien loin dans l'infini !

Des vers où l'extase déborde,
Des vers où le caprice torde
Comme il veut les mètres divers ;

Des vers où le poëte oublie
Tout, hormis la sainte folie :
Des vers, enfin, qui soient des vers !

Viens donc, Ronsard, maître, et me livre
Toutes les splendeurs de ton livre
Radieux comme un ostensoir ;
Dans tes bras je me réfugie,
Et veux, divine et noble orgie,
Être ivre de rimes ce soir !

Partie de campagne.

Pendant que le soleil luira sur nos deux fronts,
Demain, si tu le veux, nous nous embrasserons ;
Nous irons au hasard, ô petite Laurence,
En devisant gaîment, et, j'en ai l'espérance,
L'air se fera plus chaud, et les vents bienheureux
Annonceront au bois qu'il vient des amoureux.
Nous nous éveillerons, primevères tardives,
O fleurs encore à naître, ô plantes maladives
Dont le cruel hiver empêchait le retour,
Mais qu'Avril nous rendra, puisqu'il nous rend l'amour.
Viens, donnons le signal aux merles, aux linottes ;
Demain le rossignol, éparpillant ses notes,
Jettera vers le ciel son cantique éperdu,
Tout honteux qu'on ne l'ait pas encore attendu

Rondel.

Pour se tenir la main, pour s'enlacer la taille,
Pour baiser doucement ta gorge qui tressaille.
   Viens hâter le Printemps, qui tarde à se montrer;
Peut-être dans un coin l'allons-nous rencontrer
Et frais et souriant à ta figure ronde,
Arrondissant, pour faire à ta jeunesse blonde
Un cadre provoquant, les branches en arceaux,
Et te faisant chanter par l'onde des ruisseaux!

Rondel.

Mademoiselle Valentine
A les yeux clairs et le teint blanc;
Comme un calice étincelant,
Elle ouvre sa bouche enfantine.

Le rondeau, le sonnet galant,
Semblent croître sous sa bottine;
Mademoiselle Valentine
A les yeux clairs et le teint blanc.

Son épaule ondule, mutine
Et pareille au flot nonchalant,
Et vous l'adorez en tremblant,
O mon cœur! vous qu'elle piétine.
Mademoiselle Valentine
A les yeux clairs et le teint blanc!

Nuit d'été.

A Philoxène Boyer.

Nuit d'été! Nuit d'été! — La forêt des Ardennes
Va resplendir de feux ; des visions soudaines
Ont éclairé les pas de la Rosalinda,
Le cygne avec amour s'approche de Léda,
Et là-bas voyez-vous ces formes incertaines
Qui s'éloignent sans bruit des murs sacrés d'Athènes ?
 Holà ! Démétrius ! — Lysandre ! — Me voici !
Titania la blonde et Farfadet aussi.
C'est la nuit des amours qui s'égarent en route ;
Bottom, ivre de joie et de bonheur, écoute
La reine qui lui dit :— Mon beau fils ! cher mignon !
— Obéron rit tout bas. — Au lieu d'un champignon,
C'est un sonnet galant qui vient au pied du hêtre.
Tous ces gens sont heureux. — A l'aurore peut-être
Tout s'évanouira : Bottom désenchanté
Verra sa tête d'âne, et le père irrité
Mènera nos amants devant le duc Thésée.
Mais qu'importe ? la fleur frémit dans la rosée,
Et la nuit sera longue et bonne pour l'amour.
Donc, aimez à plein cœur, il n'est pas encor jour !
 Nuit d'été ! Nuit d'été ! — La chaleur endormie
Nous guette sourdement ainsi qu'une ennemie

Nuit d'été.

Qui se masque et de loin nous décoche ses traits ;
Le soleil a brûlé la cime des forêts :
Nuit d'été ! Nuit d'été ! tu pèses sur mon âme
Comme sur l'estomac un cauchemar infâme !

Cybèle a secoué ses blonds cheveux d'épis,
Et tous les vers luisants, dans la mousse tapis,
Promènent lentement leurs robes de lumière ;
La flûte a soupiré, la robuste fermière
Danse avec ses garçons, hâlés par l'air des champs !

Nuit d'été ! Nuit d'été ! — Des souffles desséchants
Ont jauni les roseaux dans la source limpide
Où venait s'abreuver le cerf au pied rapide ;
Sur l'haleine du soir passe un vol de démons,
Et l'haleine du soir embrase mes poumons !

Nuit d'été ! Nuit d'été ! — La cuve sera pleine,
Et nous pourrons rougir la face de Silène !
Ægypans et Sylvains, chantez le dieu Liber,
Le dieu fort, le dieu jeune, à qui le cep est cher,
Le noble Lyœus, que la femme jalouse !

La pâquerette était morte dans la pelouse,
Elle attendait en vain la fraîcheur de la nuit.
Le temps est lourd et chaud, et la fraîcheur s'enfuit !

Nuit d'été ! Nuit d'été ! — De lumineux sillages
Illuminent le dôme assombri des feuillages ;
Un immense soupir s'élève des gazons
Et monte en saluant les vastes horizons :
Plainte d'amour, chanson joyeuse d'une fée,
Par tous les rossignols du bois presque étouffée.

Nuit d'été ! Nuit d'été ! — Le silence absolu,

Et la terre fumante : encor s'il avait plu !
  Amour, écho du cœur ! baisers, écho des lèvres !
La vierge, interrogeant le secret de ses fièvres,
Lève ses grands regards par l'extase éblouis
Vers les astres sans nombre au ciel épanouis ;
Sa chevelure blonde a des reflets d'étoiles ;
Doux avenir, sa main va déchirer tes voiles !
  Un jeune homme l'a vue, un cavalier hautain,
Et sur ses traits la rose a caché le satin :
Nappes d'azur, et toi, blanche lune au front pâle,
Escarboucles, rubis des cieux, neigeuse opale,
Quel est ce beau jeune homme ? Est-ce l'époux rêvé ?
Parlez-en à son cœur parmi vous soulevé.
  Dans cet air dévorant pour rafraîchir mon âme,
Si je voyais couler une larme de femme !
Non, je suis seul ; la nuit m'écrase comme un plomb !
A monter sur son char que le soleil est long !
Il vous soulage seul, angoisses infinies,
Lui seul vient terminer mes noires insomnies ;
Sur ses rayons sanglants je veux voir emporté
Jusqu'à ton souvenir, Nuit d'été ! Nuit d'été !

Pour une Comédienne.

Vos traits hardis, mais sans rudesse,
Semblent vous donner, à la fois,
L'air d'une jeune druidesse
Que l'on révère au fond des bois,

L'air d'une douce nonchalante
Faite à manier l'éventail,
Et laissant, de sa bouche lente,
Tomber quelques mots en détail.

Vous avez la sauvage allure
De ces filles qui, sous le ciel,
Vont dénouant leur chevelure
Que Rubens arrose de miel,

Et vous avez la grâce exquise
D'une coquette de salon,
Qui, dans sa robe de marquise,
S'emprisonne jusqu'au talon.

Les sons divins de la mandore
En vos rires ont un écho ;
La joie ardente vous adore,
Marie, Impéria, Marco !

Or, en ce temps de gorges plates
Et de réalistes mesquins,
Où l'on nous fait aimer des lattes
Qui flottent dans leurs casaquins,

C'est un bonheur pour nous, Marie,
Que de vous voir, vous qui pouvez
Montrer à notre idolâtrie
Des bras aux contours achevés.

Laissez les femmes qui sont maigres
Grimper au plus haut de leur cou
Et vous suivre de leurs cris aigres
Comme une trompette d'un sou !

La beauté clémente et sereine
N'a pas de trésors inconnus :
Comme l'esclave dans l'arène,
Elle expose ses charmes nus.

En plein jour, comme dans l'alcôve,
Elle montre tout simplement
Sa jambe et sa crinière fauve,
Et son torse grec ou flamand.

Je sais bien que l'on nous objecte
Quelques mots vagues de vertu...
Qu'importe à la forme correcte,
Au profil de grâce vêtu ?

La vertu n'est souvent qu'un songe
Bien plus bref que les nuits d'été,
Marie, et tout songe est mensonge :
Votre gorge est la vérité !

Clotilde.

Un brouillard lumineux environne son front,
Le vent qui fait trembler cette fraîche auréole,
Comme en ce mois si doux où les fleurs écloront,
Tout chargé de parfums, dans les jardins s'envole.

Un or aérien, doux et frais et léger,
Danse dans le duvet des lèvres radieuses,
Si joyeux et si blond, comme pour corriger
Sur les traits les blancheurs de lis impérieuses.

Et, dans le parc touffu, les hautains églantiers,
Les pervenches et les vieux arbres, tout s'incline
Comme pour la fêter, lorsque par les sentiers
Vous précédez ses pas, frissons de mousseline !

Dans sa robe de gaze, on dirait la Péri
Que porte, en se jouant, le souffle de la brise ;
Pour elle les oiseaux ont un chant favori ;
Elle courbe les fleurs moins qu'elle ne les frise !

Sous toutes ces vapeurs de contours, cependant,
La robuste beauté qui fait la jeune femme
Se cache, et nous voyons les épaules ondant,
Ainsi que dans la mer monte et baisse une lame!

Et l'air qui se respire auprès d'elle est pareil
A l'air que nous rapporte Avril avec les roses,
Et, comme nous buvons les rayons du soleil,
Nous buvons les rayons de ses grâces écloses.

Distiques galants.

J'ai de l'amour, de l'amour plein mon âme,
Moissonnez-en le meilleur, jeune femme.

Ainsi qu'un vin d'Espagne aux flots cuivrés,
Blonde Louise, ainsi vous m'enivrez!

Êtes-vous née au pays des merveilles,
Feu du matin, étoile de mes veilles?

Je vis en vous, en votre amour perdu,
Dans votre cœur mon cœur s'est confondu.

Quelle Vénus en votre corps transmise
Revit en vous, ô ma terre promise?

La Bacchante apprivoisée.

Je vous adore, et vous m'éblouissez !
Des floraisons s'ouvrent quand vous passez !

N'avez-vous pas erré sur les bruyères,
Reine, au milieu des Elfes printanières ?

A vos rayons je réchauffe mon cœur,
Et mes chansons vous exaltent en chœur !

Quel chérubin sourit dans vos sourires
Et les emplit de si charmants délires ?

L'air, en baisant votre corps velouté,
Avec les fleurs, rêve de volupté !

J'ai de l'amour, de l'amour plein mon âme,
Moissonnez-en le meilleur, jeune femme !

La Bacchante apprivoisée.

Antoinette, Nymphe, athlétique
Aux regards lumineux, au corps
Fait pour orner un temple antique,
Beauté de formes et d'accords !

Les Vignes folles.

O robuste fille des âges
Où les dieux vivaient parmi nous,
Au milieu des grands paysages,
Rubens eût baisé vos genoux.

Toujours votre lèvre éloquente
S'ouvre comme un fruit rouge et sain,
De même qu'au temps où, Bacchante,
Vous suiviez le cruel essaim

De ces créatures divines,
Ivres de vin et de fureur,
Qui bondissaient par les ravines
Et les forêts pleines d'horreur.

Aujourd'hui calme et nonchalante,
Loin de vos bois qui sont coupés,
Votre ongle frémissant se plante
Sur le velours des canapés.

La mâle tigresse est domptée ;
Sa voix est douce ; nous pouvons
Prendre sa main fine et gantée,
Qui connaît l'emploi des savons.

Mais pour éclairer les alcôves,
Vos grands yeux n'en jettent pas moins
Des lueurs brûlantes et fauves
Qui font reculer les témoins.

Orphée auprès de vous s'arrête
Sans peur, et vos doigts mignonnets,
En roulant une cigarette,
Daignent chiffonner des sonnets.

Pour appareiller vers Cythère
Vous êtes bien mieux maintenant,
Toinette, et la peau de panthère
Serait un voile inconvenant.

Donc, répandez les avalanches
De vos sourires abondants,
Tamisés par les perles blanches
Que l'on nomme, je crois, vos dents.

Couvrez des plus riches étoffes
Votre corps superbe et nerveux,
Et puis servez-vous de mes strophes
Pour serrer le soir vos cheveux !

Lydia.

O mon père, sous la feuillée,
J'ai vu Lydia qui dormait ;
Mon âme alors s'est éveillée
Avec l'amour qu'elle enfermait.

Mes yeux n'avaient jamais encore,
Sous le voile des vêtements,
Vu cette neige qui décore
Ses membres souples et charmants.

Que Lydia me semble belle !
Laissant flotter leur or vermeil,
Ses cheveux, dont l'onde ruisselle,
Lui font un manteau de soleil.

Sa poitrine, comme la mienne,
Ne va pas en s'aplanissant,
Et sa gorge marmoréenne
Monte, monte en s'arrondissant :

C'est comme une double colline,
C'est comme un arc aventureux
Qu'un double bouton illumine,
Rose, à la bouche savoureux :

Et, sur son ventre dur qui brille,
Satyre aimé de Pan, je vois
Encor l'ombre qui s'éparpille
Comme la mousse au pied des bois !

Lydia s'éveilla confuse ;
Moi, je m'enfuis, le trouble au cœur ;
Depuis, le sommeil me refuse
Ses dons, et je tombe en langueur.

L'attente.

O Cythère mélancolique,
Dont les ombrages profanés
Ont un charme que rien n'explique,
Toujours, toujours vous m'entraînez

Vers les rives de fleurs où celles
Qui portent les beaux lis aux mains,
Avec leurs yeux pleins d'étincelles,
Cherchent le calme des chemins.

Mon rêve amoureux s'extasie
Sous les arbres du grand Watteau;
Je vois marcher ma poésie
Sur les pentes du vert coteau.

Hélas ! dans les eaux murmurantes
Les Nymphes ne se baignent plus.
On ne voit que des figurantes
Dans le décor où je me plus.

Je sais bien que ces filles vaines,
Sans grâce pure, sans douceur,
Boivent le meilleur de mes veines;
Pourtant, Cidalise, ô ma sœur !

Beauté superbe, souveraine
Par le rhythme des mouvements,
Victorieuse dans l'arène
Des mots et des rires charmants !

Puisque parmi ce troupeau lâche
Les dieux contraires m'ont jeté,
J'y veux mourir, et, sans relâche,
En proie à leur voracité,

Sous les ongles de ces furies
Mon cœur triste et doux saignera,
Ainsi que mes lèvres flétries,
Que nul vin ne désaltéra.

Mais la vision qui m'attire
Sur mon front, dans les vastes cieux,
Pendant les douleurs du martyre,
Viendra, spectre silencieux,

Et j'irai vers cette maîtresse,
Esclave oublieux de mes fers,
Lui dire l'ennui qui m'oppresse,
Mettre à ses pieds les maux soufferts.

Chanson.

Veux-tu, mon cœur, parler de cette aimée
Qui m'enchanta pendant une saison ?
— Ah ! par un autre elle est ainsi nommée,
Chante plutôt la nouvelle chanson.

Chante plutôt la nouvelle maîtresse
Aux rires frais, aux yeux souvent baisés.
— Cette chanson est un cri de détresse,
C'est le regret de mes espoirs brisés !

— L'espoir toujours refleurit dans nos âmes.
Laisse au passé tous les baisers perdus,
D'autres encor sur les lèvres des femmes
Tiendront longtemps tes désirs suspendus.

— Non, non ! je veux voir si les vieilles roses
Ont bien laissé perdre tous leurs parfums.
— Seuls les vieillards ont droit, têtes moroses,
De se cloîtrer parmi les jours défunts :

Car devant eux toute porte est fermée,
La terre manque à leur pas incertain :
Laisse-les donc contempler la fumée
Insaisissable et vaine du matin.

Viens-t'en chercher la belle aux cheveux fauves,
Dont le beau corps bondira sous tes doigts ;
Viens-t'en chercher dans les chaudes alcôves
Les mots charmants que l'on dit à mi-voix.

Mais si déjà, fuyant l'heure présente
Et les plaisirs nouveaux que je t'offrais,
Tu veux laisser ton âme languissante
Marcher en pleurs dans le champ des cyprès,

Lorsque viendra l'instant mélancolique
Où l'on se doit souvenir, tu n'auras
Plus rien de neuf sous ton regard oblique,
Plus de fantôme à qui tendre les bras !

Donc, vers l'enfant dont la bouche t'appelle
Cours à grands pas, cours et même au hasard,
Pour profiter de l'heure où l'aube est belle,
Pour mieux encor te souvenir plus tard.

— Oui, tu dis vrai, mais la chère amoureuse
De l'an passé m'attire sur ses pas,
Et je revois sa poitrine, où je creuse
Un nid profond, pour ne m'endormir pas !

A Mademoiselle Primerose.

Bien avant les prés ta joue a des roses,
Mignonne, et je t'aime, et nous sommes deux;
Viens, laissons dehors, sur les toits moroses,
Le vent murmurer ses chants hasardeux.

Le feu flamboyait dans la cheminée,
Si vif et si clair que nous avons cru
Revoir le soleil cette matinée,
Et que le Printemps nous est apparu.

Le ciel était bleu, sec était l'asphalte,
Et tu t'habillas pour aller au bois;
Avril à l'Hiver avait crié : — Halte!
Monsieur Babinet était aux abois.

Cela n'a duré tout au plus qu'une heure,
Et de ce Printemps qui s'est fait chez nous
Il ne reste rien que moi, qui demeure
La main dans ta main, serrant tes genoux :

Car on peut s'aimer au mois de la pluie,
Loin des gazons verts, près des matelas,
Et sur tes beaux yeux les pleurs que j'essuie
Me sont aussi doux qu'au mois des lilas!

Laissons-nous bercer par notre folie ;
A présent du moins, chère, aimons-nous bien,
Car peut-être, un jour, ô mélancolie !
Nous ne serons plus l'un à l'autre rien.

Beaucoup de baisers viendront sur tes lèvres ;
Pour qui seront-ils ? — Je ne le sais pas.
Mais, hélas ! je sais qu'auprès des orfèvres
On te voit souvent ralentir le pas.

Puis il est un dieu qu'on nomme Caprice,
Qui prend pour domaine un coin de nos cœurs,
Un dieu féminin ; il faut qu'il meurtrisse
Des morceaux d'amour en ses jeux moqueurs.

Ah ! ne hâtons pas la saison nouvelle !
Ce dieu, quelque jour, j'en ai grande peur,
Viendra mettre en l'air ta jeune cervelle :
Ton amour alors, à toute vapeur,

Ira vers celui qui le sollicite.
Veux-tu le connaître ? — Il en est qui l'ont
Vu parfois venir dans la réussite
Que l'on fait le soir, soit brun ou soit blond.

Viens plus près encor, viens que je t'embrasse ;
Restons en Hiver : quand viendra l'Été,
De mes longs baisers où trouver la trace
Sur ton front joyeux, si tu m'as quitté ?

A Mademoiselle Primerose.

Que deviendrons-nous, ma petite amie,
Lorsque nos deux cœurs seront sans parfum ?
Alors je serai de l'Académie,
Alors tu seras au bras de quelqu'un.

Je dirai : — J'aimais une qui fut blonde.
Ses yeux étaient bleus et ses sourcils noirs,
Son bras était blanc, sa gorge était ronde,
J'aimais à rester près d'elle les soirs.

Un matin l'oiseau, déployant ses ailes,
A, comme en un rêve, emporté l'amour ;
Ensuite, j'aimai d'autres demoiselles,
Et ces autres m'ont quitté tour à tour !

Quand je serai bien perdu dans mes rêves,
Quand j'évoquerai ton fantôme aimé,
Si je te revois, perle de nos Èves,
Que fera mon cœur alors ranimé ?

Que me diras-tu ? moi, que te dirai-je ?
— Tu fus mon bonheur ! — Je fus ton amant,
Quand autour de nous s'amassait la neige ! —
Saurons-nous encor nos noms seulement ?

Donc aimons-nous bien à l'heure où l'on aime
Celle que l'on presse entre ses deux bras ;
Fuyons l'avenir qui s'avance, et même
Dis-moi que toujours tu m'adoreras,

Peut-être, qui sait ? — la vie est si drôle ! —
Nous aimerons-nous, en effet, toujours,
Et n'oublîrons-nous jamais notre rôle,
Dans le drame à deux nommé les Amours !

Pantoum.

Par les soirs où le ciel est pur et transparent,
Que tes flots sont amers, noire mélancolie !
Mon cœur est un lutteur fatigué qui se rend,
L'image du bonheur flotte au loin avilie.

Que tes flots sont amers, noire mélancolie !
Oh ! qu'il me fait de mal ton charme pénétrant !
L'image du bonheur flotte au loin avilie,
L'espoir qui me berçait râle ainsi qu'un mourant.

Oh ! qu'il me fait de mal ton charme pénétrant !
Morne tristesse, effroi voisin de la folie !
L'espoir qui me berçait râle ainsi qu'un mourant;
Tout en moi, hors la peine effroyable, s'oublie.

Morne tristesse, effroi voisin de la folie,
Fleuves sombres, mon œil plonge en votre courant;
Tout en moi, hors la peine effroyable, s'oublie,
La peine, gouffre avide et toujours m'attirant !

Les Roses et le Vin.

A Louis Péricaud.

> Verson ces roses en ce vin,
> En ce bon vin verson ces roses...
> RONSARD.

Rose trois fois sacrée, amante des pourpris
Où j'adore en tremblant le sang pur de Cypris !

O Vin ! grande liqueur où la pourpre ruisselle,
Soleil captif, magique et superbe étincelle !

Le Printemps te respire, honneur des floraisons,
Sur les hauts églantiers, dans l'ombre des gazons;

La Bacchante me tend ses lèvres dans tes ondes,
Vin, qui mets du corail parmi ses tresses blondes;

Tu ramènes le chœur de nos jeunes espoirs,
Bercés dans les parfums de tes beaux encensoirs;

Tu donnes le courage et la force clémente,
Et dans tes flots divins l'âme d'un dieu fermente !

Par toi le rossignol, que blesse le grand jour,
Dans les bois ténébreux s'en va mourir d'amour;

Rouge consolateur, c'est toi qui nous apportes
Dans la coupe la joie et les croyances mortes;

Afin de rafraîchir ses sens inapaisés,
Zéphire, le matin, te couvre de baisers;

Les vénérables ceps, tortillés en spirales,
Laissent couler à nous tes larmes libérales;

L'aurore, pour orner tes pétales charmants,
Transforme la rosée en mille diamants;

Lyœus nous appelle, et les noires panthères
Communiquent l'ivresse aux antres solitaires;

O Rose! souveraine éclatante, le Vin
Colore ton calice adorable et divin!

Noble Vin, le cristal que ta lumière arrose
A la coquetterie exquise de la Rose!

Mariez vos parfums, mariez vos couleurs,
Rose et Vin qui domptez les cruelles douleurs;

Unissez-vous toujours, chantez l'épithalame,
O feuilles! flots pourprés! de la forme et de l'âme!

Confession.

*Je n'avais pas encor de barbe dans ce temps,
Et j'emplissais les airs de rires éclatants;
De blondes visions florissaient dans mon âme,
Et je rêvais d'amour à vos genoux, Madame.
Mais vous n'en saviez rien, et moi-même?... J'avais
Le cœur à vos côtés tout joyeux; je rêvais,
Mais sans but, animé d'une extase sereine.
Le page Chérubin que berce sa marraine
Et qui dit sa romance en fermant ses beaux yeux
Me paraissait alors un grand audacieux.*

*Vous aimais-je? A présent que votre voix m'enivre,
Que votre seul aspect m'enchante et me fait vivre,
O Madame, je n'ose encore le penser.
Non, ce n'est pas à vous que pouvaient s'adresser
Ces aspirations étranges, ces vertiges
Sans fin, illusions, miraculeux prestiges,
Orages précurseurs des orages du soir!*

*Non! j'aimais à venir auprès de vous m'asseoir,
Sans me dire pourquoi, sans le pouvoir comprendre;
A voir vos longs regards tout étoilés répandre
D'humides diamants où brillaient des clartés;
A sentir doucement tous mes sens agités,
Quand votre voix chantait, pure comme les brises
Qui baisent, en jouant, la fleur et l'onde éprises!*

Mais ce n'était pas vous qu'en vous-même j'aimais.
Comment dire ceci? Ce n'était pas vous, mais
Vous étiez une femme, et ma future amante
Vivait dans votre corps, adorable et charmante!

 Oui, pensais-je, elle aura, celle que j'aimerai,
Le front par ces regards limpides éclairé,
Cette lèvre d'enfant où la rose sommeille,
Cette gorge flexible à la neige pareille,
Cette taille semblable au serpent engourdi
Qui se ranime et joue alors que vient midi,
Et surtout, et surtout cette crinière blonde,
Nid de parfums où l'or étincelant abonde!

 Vous me parliez alors, et, comme dans l'encens,
Mes rêves s'élevaient bercés par vos accents;
Presque mort et noyé d'ineffables ivresses,
Je sentais sur mon front d'invisibles caresses,
Et mon âme, que rien ne pouvait contenir,
Vivait en toi d'avance, amoureux avenir!

 Tel l'arbre dont la nuit a rafraîchi la sève
Accueille avec bonheur le soleil qui se lève,
Sans penser que bientôt ses feuilles se tordront
Sous des feux dévorants, que l'écorce du tronc
S'écartera brûlée et qu'il restera sombre,
Désolé, sans verdure éclatante et sans ombre,
Ainsi je saluais cette aube de l'Amour
Qui se levait en vous, sans songer à ce jour
De sanglots effrayants et d'angoisses amères
Que vous deviez m'offrir, ô pâles victimaires!
Euménides du cœur, amantes qui deviez

Faire pleurer pour moi les douloureux claviers !
Où donc est-il ce temps de candeur et d'aurore ?...

Enfin, après trois ans, je vous revois encore,
Madame, et je comprends les souffrances qui font
Plonger dans l'infini votre regard profond.
O ma sœur en amour ! nos deux âmes blessées
L'une à l'autre pourront confier leurs pensées ;
De notre long manteau de douleur recouverts,
Aimons-nous, aimons-nous, pour tous les maux soufferts !

Aujourd'hui je comprends, ô femme jeune et douce,
Ce qui vous fait sourire et ce qui vous courrouce,
Je sais pourquoi je viens auprès de vous, pourquoi
Je vous vois frissonner souvent auprès de moi ;
Pourquoi vous retirez votre main de la mienne,
Et pourquoi, comme au jour de l'ignorance ancienne,
Je ne puis regarder, sans en être ébloui,
Votre beau front pareil au lis épanoui.

O ma terre promise ! aujourd'hui ce que j'aime
En vous, ce ne sont plus des ombres, mais vous-même.
Le passé dans mon cœur est tout enseveli ;
J'ai courbé sous l'amour mon front déjà pâli ;
Je connais le néant de la première flamme ;
Je sais ce que je fais ; — je vous aime, Madame !

Aimons-nous, aimons-nous, et ne songeons à rien ;
Aimons-nous maintenant, et les dieux pourront bien,
Au gré de leur caprice et de leur fantaisie,
A nos cœurs altérés arracher l'ambroisie,
Nous séparer encor : qu'importe ? N'eussions-nous
Respiré qu'un instant les parfums purs et doux

De la coupe céleste où fermente l'extase,
Cet instant suffira pour épuiser le vase,
Pour embaumer longtemps nos souvenirs, et pour
Nous faire au moins bénir toute une heure l'Amour.
   Madame, je vous parle, et c'est de la folie;
Sans doute, vous allez me repousser; j'oublie
Que vous m'avez aimé comme on aime un enfant,
Et qu'un tel souvenir peut-être, vous défend
A présent cet amour que de vous je réclame:
L'amour impérieux et qui ravage l'âme.
   Mais pourtant cet enfant vous aime et n'a plus rien
De ses désirs confus, et vous le savez bien,
Puisque vous refusez vos lèvres à mes lèvres
Et que vous rougissez, et que les mêmes fièvres
Nous brûlent; que toujours nos rêves hasardeux,
Ainsi que deux ramiers épris, vont deux à deux;
Que mon regard se voile, et que tu t'es pâmée
L'autre jour dans mes bras, ô chère bien-aimée!

L'Impassible.

A Charles Baudelaire.

Je suis belle, ô vivants ! comme un rêve de pierre.
LES FLEURS DU MAL.

Je suis la courtisane aux majestés cruelles !
Ce n'est pas moi qui vais offrir dans les ruelles
Mes appas que recouvre un chiffon de velours ;
A l'immobilité, calme, je m'habitue ;
Mes yeux, comme les yeux mornes d'une statue,
 Ont des regards pesants et lourds !

Je trône sur les cœurs, moi dont le cœur est vide ;
L'écheveau de mes jours lentement se dévide,
Et je ne veux savoir rien, jamais rien, sinon
Qu'on ne peut égaler ma beauté sidérale,
Et qu'avec mes cheveux, blonde et fauve spirale,
 J'embrâserais le Parthénon !

Ce qui soulève seul ma gorge régulière,
C'est l'air que je respire, et comme on voit le lierre
Couvrir le marbre froid de ses plis tortueux,
Sans que je fasse rien, la pourpre éblouissante
Se drape, d'elle-même, heureuse et frémissante,
 Près de mon corps voluptueux.

Regardez, ivre d'or, tomber ma chevelure
Aux parfums énervants sur ma riche encolure;
Je ne daigne rien voir avec mes yeux divins,
Qui, sous mes noirs sourcils, ont un éclat farouche,
Et même les baisers ne froissent pas ma bouche,
  Qu'arrose la rougeur des vins.

Pour activer en vous l'aiguillon qui fustige
Les désirs effrénés et donne le vertige,
Je n'ai parlé jamais, jamais je n'ai chanté,
Comme la Pandémie, une ode provoquante,
Car tes cris, tes fureurs pâlissent, ô Bacchante!
  Devant la muette Beauté!

Mais, pour dompter les sens, j'ai l'étrange mystère
De la ligne et du rhythme égal que rien n'altère;
J'ai mes deux bras croisés qui s'ouvrent quand je veux
Étreindre l'idéal sur ma poitrine ferme;
J'ai mon buste que nul corset hideux n'enferme,
  La lumière de mes cheveux!

L'orgueil anime seul mes traits inaltérables,
Mais ils n'ont pas compris, mes amants misérables,
Ces grandes voluptés et leur charme vainqueur!
Ils m'ont voulu donner leurs ridicules fièvres;
Toujours inassouvis et penchés sur mes lèvres,
  Ils ont questionné mon cœur!

L'Impassible.

Insensés ! croyez-moi, jamais vos plaintes vaines
Ne hâteront le cours du sang pur dans mes veines ;
Je ne pleurerai pas : je ne veux pas souffrir ;
Je veux toujours rester belle, mais insensible ;
Et regarder toujours de mon air impassible
    Ce que le destin vient m'offrir.

Puisqu'ils ne savent pas les terribles ivresses
Que peuvent enfanter mes inertes caresses,
Puisqu'ils ne savent pas ce que les Océans
Ont d'orage dans leurs sérénités divines,
Qu'il leur faut les sanglots babillards des ravines
    Au lieu des flots aux bonds géants,

Qu'ils aillent loin de moi, ces lâches ! oh ! qu'ils aillent
Se faire déchirer par celles qui les raillent ;
Que toujours, que toujours leur front soit souffleté
Par les femmes sans nom qui vivent d'impostures,
Qui portent mon cœur vide, et, fausses créatures,
    N'en ont pas la sonorité !

Alors, pour remplacer et mes formes hautaines,
Et ma démarche grave, apprise dans Athènes,
Ils créeront la beauté nouvelle ; ils aimeront
Des filles qui, du moins, auront cela pour elles,
Qu'elles sauront cacher leurs membres laids et grêles
    Sous les robes qui les suivront.

Puis ils inventeront cette grâce féline
Qui ne peut exister qu'avec la mousseline ;
Ils aimeront l'étoffe où se perd le contour,
Le suave contour que l'harmonie arrête ;
Oui, mais ils pourront voir grincer la bouche prête
  Aux mensonges de chaque jour !

Moi, cependant, gardant ma sévère attitude,
Dans mon isolement et dans ma solitude,
Je resterai sans cesse avec mon fier dédain,
Avec mes bras croisés, avec ma hanche lisse,
Avec mon front que rien n'assombrit et ne plisse,
  Comme un marbre dans un jardin.

Sous les plus chauds baisers mes chairs resteront froides,
Et rien ne fléchira mes contenances roides ;
Mes bras seront de neige et ma crinière d'or ;
Rien jamais ne fondra cette glace indomptée :
O mortels ! le sculpteur anima Galatée
  Lorsque les Dieux vivaient encor !

L'Insoucieuse.

Non, l'amour qui se tait n'est qu'une rêverie,
Le silence est la mort, et l'amour est la vie ;
Et c'est un vieux mensonge à plaisir inventé
Que de croire à l'amour hors de la volupté !

   ALFRED DE MUSSET.

O sœur du camellia,
  Julia,
Viens sourire à nos poëmes,
Toi qui vas, oiseau charmant,
  Si gaîment,
Parmi les vertes Bohêmes !

O charmeresse aux yeux clairs
  Pleins d'éclairs,
O jeune victorieuse,
Nous trouvons plus doux les sons
  Des chansons
Nés sur ta lèvre rieuse.

Dans tes veines court un sang
  Frémissant,
Sève d'amour et de joie,

Et ton rire triomphant,
Blanche enfant,
En notes d'or se déploie.

Comme le soleil d'Été,
Ta gaîté
Folle et vive s'éparpille,
Et chaque jour nous croyons
Aux rayons
Quand tu viens, petite fille.

Toujours les lis aimeront
Ton front,
Et les odes amoureuses,
Fidèles jusqu'au trépas,
Sur tes pas
S'épanouiront heureuses.

Tes seins polis et vermeils
Sont pareils
Aux fruits au temps des vendanges ;
L'encens aime tes cheveux ;
Si tu veux,
Bulbul dira tes louanges.

Tes dents au fruit défendu
Ont mordu ;
Mais, ô Nymphe vagabonde !

L'Insoucieuse.

Qu'importe ? tu nous guéris
    Quand tu ris,
Comme Ève, ta mère blonde.

Nous sommes, à tes côtés,
    Transportés
Dans le pays peu sévère
Où la jeunesse toujours
    Aux amours
Se livre, en levant son verre.

Là, parmi les floraisons,
    Nos raisons
S'égarent. — Les yeux humides,
Tu conduis en mon chemin
    Par la main
Le chœur des blanches Armides.

O souvenir du Printemps,
    Bien longtemps
Nous garderons ta mémoire,
Et les Cupidons vainqueurs
    Dans nos cœurs
Graveront ta belle histoire :

Car ton nom, ô Julia !
    S'allia
A ces instants éphémères

Où, buvant le vin clairet
D'un seul trait
Avec les liqueurs amères,

Nous disions à pleine voix,
A la fois,
Les grands refrains de l'aurore,
Les bonheurs du temps présent
Florissant...
Mais souris, souris encore !

Souris pour éterniser
Le baiser ;
Laisse-nous voir ta figure
De roses et de satin,
Cher lutin
Qui portes le bon augure !

Tu rends à nos jours défunts
Leurs parfums
Et leur ardente folie ;
Reine des clairs horizons,
Nous disons :
— Arrière, mélancolie,

Et vous, tristesse des soirs,
Chagrins noirs !
Célèbre, voix frémissante,

Les cieux, les monts, les accords
Des beaux corps
Et la rose adolescente,

O Vénus ! puisque voici
Près d'ici
Julia l'enfant choisie,
Qui nous apporte en riant
L'Orient,
Le Rêve et la Poésie !

Fiat voluntas tua.

Maître de la terre et du ciel,
Démon pétri de boue, ange immatériel,
Amour aux mains pleines de fiel,

Je n'ai pas résisté quand ta voix souveraine
M'a crié : — Descends dans l'arène,
Lutteur que je verrai mourir l'âme sereine !

Aux foudres mon front s'est offert;
Il a fallu saigner, et mon flanc s'est ouvert;
Tu m'as dit : — Souffre ! — et j'ai souffert !

Quand l'odeur de mon sang dilatait ta narine
Et lorsqu'au fond de ma poitrine
Tes ongles ravissaient leur couleur purpurine,

O Dieu qui remplis les forêts
Et les vastes cités d'insondables secrets,
Amour puissant, je t'adorais !

Mes yeux s'éblouissaient des splendeurs de ta gloire;
En vain tu me forçais à boire
L'amertume; partout je disais ta victoire.

Eh bien, inexorable Amour !
Vois mon cœur, il en reste assez encore pour
Le bec du farouche vautour.

Que ton souffle, pareil au grand vent qui balaie
L'espace, ravive ma plaie;
Viens ! puisque tu le veux, me voilà sur la claie !

Ainsi que la première fois
Ce n'est plus un enfant confiant que tu vois :
Je te connais ! Pourtant ma voix

Ne blasphèmera pas, ô le plus beau des anges !
Même en proie aux douleurs étranges,
Et toujours, et bien haut, je dirai tes louanges !

Fiat voluntas tua.

Le retour de tes javelots,
Je le veux célébrer en épandant les flots
De mes harmonieux sanglots!

Déjà j'ai chancelé sous ta nouvelle atteinte,
Je sais où ta pourpre fut teinte,
Seigneur, c'est dans mon sang! Et mon oreille tinte,

Et, comme un cortége de loups,
J'entends, j'entends hurler tous les soupçons jaloux;
J'ouvre les mains, plantez les clous!

Bourreau divin, auguste oppresseur de mon âme,
Oh! maintiens-moi sur l'arbre infâme,
Car je me suis repris aux parfums de la femme!

Car l'enchanteresse Circé
Pose d'un air vainqueur, sur mon front abaissé,
Son pied par les roses froissé!

Et je sais que jamais, idole puérile,
Fille vaine, terrain stérile,
Elle ne comprendra ma passion fébrile!

Ah! pourquoi la vouloir toucher?
Mais la vague, pourquoi vient-elle donc lécher
Inutilement le rocher?

Les Vignes folles.

Pourquoi la pluie au sable et la rosée aux pierres,
Et pourquoi les clartés altières
Vont-elles de l'aveugle arroser les paupières ?

Eh ! que vous dirai-je, après tout ?
J'aime et je ne sais rien de plus ; et mon sang bout,
Et je pends mes lèvres au bout

Des seins aigus et lourds de la folle Chimère,
Et, comme il plaît au victimaire,
J'y puise le nectar ou la liqueur amère !

Je me sens attiré vers un fatal miroir,
Un miroir grimaçant, qui me laisse entrevoir
Les voluptés du désespoir !

Blâmez donc l'Océan pendant les jours d'orage
De sa fureur et de sa rage !
Est-ce ma faute, à moi, si je suis sans courage

Devant la grandeur de la chair ?
Si le charme des corps de femmes, doux et fier,
Me passionne et m'est si cher ?

Chevelures en flamme, ô cols souples et lisses,
Lèvres, adorables calices,
Je souffre avec bonheur, je meurs avec délices !

La joie.

Que l'Amour me soit inclément,
Qu'il fasse de ma vie un éternel tourment,
Je veux aimer obstinément;

Ramper à deux genoux devant la bien-aimée;
Et quand sa jupe parfumée
S'arrondit, me sentir l'âme demi-pâmée;

Goûter, sans en être étonné,
Le vertige; rouler vers l'abîme entraîné,
Et par les fleurs assassiné!

Sur ses lèvres, mon ciel promis et ma géhenne,
Sentir s'envoler mon haleine,
En mêlant âprement la tendresse et la haine.

La Joie.

A Jean du Boys.

Robuste, les seins hardiment
Arrondis en pleine lumière,
Une déesse jeune et fière
Dresse vers le clair firmament
Sa belle tête printanière.

Lumineuse et pareille au feu,
Sa chevelure se déploie
Sur ses épaules, qu'elle noie,
Et dans son regard calme et bleu
Le ciel se mire. — C'est la Joie !

Non celle qui du haut des monts,
Naïade farouche et sanglante,
Nous vient dans l'onde étincelante
Des vins pourprés que nous aimons,
Tout ivre, à demi chancelante ;

Non celle qui nous suit auprès
De la pâle et chère maîtresse
Qui laisse dénouer sa tresse
Sous l'ombre des noires forêts,
Avec des larmes de tendresse !

Non pas cet ange fugitif,
Dont le vol parfois nous apporte
Une illusion jadis morte,
Mais celle qui naît sans motif
Comme une fleur sauvage et forte ;

La Joie aux éclatants reflets
Amante des gaîtés hardies,
Qui s'en va par les comédies,
Et fit entendre à Rabelais
Son rire plein de mélodies !

La Joie.

*L'amazone qui court pieds nus
Par les prés refleuris qu'inonde
La clarté, folle et vagabonde,
Cherchant des sentiers inconnus,
Versant le rire sur le monde.*

*Envolez-vous du nid, chansons
A la rime sonore et pleine !
La Joie est ivre dans la plaine,
Et nos lèvres, quand nous passons,
Boivent les fleurs de son haleine ?*

*Qu'importe, flâneurs indolents !
Les soucis graves et moroses
Et les tristesses et les choses
Qui nous font marcher à pas lents !
Allons voir éclore les roses.*

*Un jour que tout était soleil,
— Ah ! déjà dans mon cœur se creuse
Comme une fosse ténébreuse ! —
Un jour à celui-ci pareil,
J'ai rencontré mon amoureuse !*

La Course.

A AUGUSTE VACQUERIE.

Une course effrénée, horrible, sans repos,
Vertigineuse et folle, épouvantable, entraîne
Les âpres passions comme de noirs troupeaux;
La flamme, sous le choc de leurs sabots, s'égrène.

Cavales que jamais ne réprima le frein,
Elles vont, elles vont, furieuses, ardentes,
Brûlant et dévorant l'immobile terrain,
Soufflant par les naseaux des brumes abondantes.

Ainsi que Mazeppa, sur leurs croupes de fer
L'homme râle emporté, ne se sentant plus vivre;
Les vents sifflent, pareils à des rires d'enfer,
Et la douleur arrive à ce point qu'elle enivre!

J'appartiens à jamais au farouche Idéal
De la Beauté physique et de l'Amour sans bornes,
Et je vais, sur le monstre au vol lourd et brutal,
A travers les Édens et les horizons mornes.

La Course.

Je sais bien que la mort est au bout du chemin,
Qu'il me faudra cracher mes poumons, que l'espace
S'écroule, que je n'ai bientôt plus rien d'humain,
Et que l'herbe se fane aux endroits où je passe.

Mais qu'importe ? je vais, et toujours dans ma chair
Chaque lien imprime une rouge morsure ;
Qu'importe ? laissez-moi, mon supplice m'est cher,
J'aime à sentir le froid aigu de la blessure !

La cavale bondit, et plaines, monts et bois,
Lacs énormes, grands cieux, étoiles, avalanches,
Ténèbres et clartés, défilent à la fois ;
Les arbres effrayés se voilent de leurs branches.

Tout se confond ! Je vais, brisant en des baisers
Mes lèvres sur le corps houleux d'une maîtresse,
Criant et délirant, les traits décomposés,
Et mourant sous la main dont l'ongle me caresse !

Le monstre va plus vite ! — O nuages lointains,
Abîmes, océans, ô vagues en démence,
Vous fuyez devant moi, terribles, incertains ;
Mon regard s'obscurcit dans une nuit immense.

Parfois, dans ma terreur, il me semble sentir
L'aiguillon empressé qui mord et qui torture,
Je crie, et dans les airs ma voix va s'engloutir :
Plus vite ! encor plus vite ! oh ! la lâche monture !

Ses flancs fument noyés dans un épais brouillard;
Elle veut respirer, et sa tête contemple,
Pleine d'un sombre effroi, cet horizon fuyard
Sans cesse plus épais, plus sinistre et plus ample.

O femme! quand ta gorge, où perle la sueur,
Semble demander grâce, et quand tes yeux où nage
Un enfer, sont pâlis et n'ont plus de lueur,
Je sens croître l'Amour et la Haine sauvage!

En route! Cette course est effrayante! Il faut
Que la cavale, enfin, sur le sol abattue,
Dût-elle m'écraser, tombe avec un sanglot,
Il faut que je l'épuise ou bien qu'elle me tue!

Et la course reprend! — Les astres en ont peur; —
Les halliers, les buissons, les chênes centenaires,
Ne font autour de nous qu'une grande vapeur,
Et nous n'entendons plus les éclats des tonnerres!

Cette course, ô Chimère au regard altéré!
Cette course parmi les monts et les broussailles,
S'arrêtera le jour où je t'enfoncerai
Mes éperons sanglants jusqu'au fond des entrailles!

Repos.

... les plus doux instants pour deux amants heureux,
Ce sont les entretiens d'une nuit d'insomnie,
Pendant l'enivrement qui succède au plaisir.
ALFRED DE MUSSET.

Oui, ton corps qui palpite entre mes bras, ta bouche,
Rose sanglante où j'ai dégusté mes poisons,
Dont les charmes puissants rendent le cœur farouche,
Ta crinière pareille aux ardentes toisons

Qui font courir du feu sur les épaules nues
Des déesses ; tes yeux mourant de volupté,
Creux et sombres, brûlés de flammes inconnues,
Et qui semblent un ciel par les dieux déserté ;

Tout cela, c'est à moi, fille à la belle croupe,
Tigresse dont j'ai pu compter les râlements !
A moi, comme le vin qui brille dans la coupe,
Et dont j'épuiserai l'or et les diamants.

Je l'ai comme l'on a toute chose qu'on paie,
Je suis maître et seigneur de cette noble chair
Qui s'est vendue à moi pour un peu de monnaie,
En me disant : Je t'aime ! — un soir neigeux d'hiver.

Mais comme je sais bien, sous la vaine grimace
De cet amour menteur et contrefait, trouver
La haine qui grandit furieuse et s'amasse
Dans ton sein, que parfois l'horreur fait soulever !

Tu crois que je n'ai pas, lorsque sur ta poitrine
Tes baisers m'écrasaient et que nous confondions
Nos sens dans une extase effrayante et divine,
Senti monter à moi tes malédictions !

Oh ! comme tu souffrais en cachant cet orage,
Dont les bouillonnements faisaient rompre ton cœur !
Moi, je buvais les pleurs savoureux de ta rage,
Et je te caressais, comme un cruel vainqueur !

Comme un cruel vainqueur qu'une furie anime,
Et qui fouette, en hurlant de plaisir, le troupeau
Des captifs, comme un chat dont la patte s'escrime
A flatter en traînant ses ongles dans la peau.

Et lorsque, succombant au lourd sommeil, ma tête
Verra fuir la couleur confuse et le dessin
Des objets ; il faudra que ta gorge soit prête
A faire à l'ennemie un moelleux coussin.

Car, tu ne le sais pas, esclave méprisée,
Je me venge sur toi des maux que j'ai soufferts
Quand celle que j'aimais, faisant une risée
De l'amour, se livra pour des bijoux offerts.

Comme toi, maintenant, la vile créature
Se tord sous les baisers d'un acheteur qui vient
Donner à son désir cette riche pâture
D'un corps que tout le monde en le payant obtient.

Voilà pourquoi je veux, vivante marchandise,
Épier le secret de tes mornes ennuis,
Et je veux que ton cœur exaspéré me dise
Les horribles dégoûts des amoureuses nuits!

Ne crois pas qu'en fermant tes yeux maudits, tu puisses
Saisir, pour un instant, le vague souvenir
De ce temps où, marchant à travers les délices,
Comme un immense amour tu voyais l'avenir.

Non! les jours ne sont plus où, de voluptés ivre,
Le bel adolescent te serrait dans ses bras
En disant : — Si tu veux, ô toi qui me fais vivre!
O mon âme! une étoile à tes pieds, tu l'auras!

Et sa voix implorait les suaves caresses
Qu'un maître impérieux te réclame aujourd'hui.
A peine s'il osait toucher les blondes tresses
Que ton amant du jour fait rouler devant lui.

Ce n'est plus l'amoureux des premières années,
Dont les regards voilés de pleurs disaient les vœux;
Les roses d'autrefois sont à présent fanées;
Il priait doucement, et moi je dis : Je veux!

*Allons, maîtresse ! allons, dis-moi : Je t'aime ! et sache
Que je te hais ! mon âme est pleine de mépris ;
Tu me fais honte ; allons ! fille de joie, attache
Tes deux bras frissonnants à mon col, et souris !*

*Souris, pour que je voie à quel degré la femme
Pousse la lâcheté ; souris ! que mon dédain
Puisse, enfin, largement s'échapper de mon âme
Comme un trait acéré qu'on retire du sein !*

*Car je veux te cracher ma rancœur à la face,
Anéantir le rêve où parfois tu te plus,
Et surtout insulter, sur ton corps qui se glace,
Cet amour méprisable auquel je ne crois plus !*

Circé.

A Alphonse de Launay.

*Circé pâle et farouche, à vous, magicienne,
A vous mon âme, à vous mes chansons, car toujours,
Ravivant le foyer de ma douleur ancienne,
Vous creusez sous mes pas un abîme où je cours.*

J'y cours avec bonheur, car sur vos noirs rivages
Les rosiers idéals se mêlent aux cyprès ;
Préparez sans remords les funestes breuvages,
Et donnez-moi vos mains que je les baise après.

De vos seins chauds et lourds s'élancent par bouffées
Des parfums pénétrants, âcres et singuliers,
Dans la vapeur de qui, follement attifées,
Dansent les visions de mes jours oubliés.

Je hume largement l'adorable démence
Qui m'enchante et me fait bienheureux pour longtemps ;
L'horizon s'élargit, vaste, écarlate, immense,
Et je marche au milieu de rêves éclatants :

Cauchemars d'opium, merveilles de féeries,
Oiseaux dont le plumage a l'éclat du soleil,
Chants d'amour ruisselant des lèvres attendries,
Lumières d'un été qui n'a pas son pareil !

Si je pouvais conter toutes ces épouvantes,
Tous ces ravissements énervants et succincts
Que j'éprouve en suivant les cadences savantes
Dont le rhythme inflexible anime vos beaux seins !

Ce poëme sanglant des voluptés perfides,
Où chante la sirène aux regards aiguisés,
Où passe, dans un vol, la ronde des sylphides,
Où bondissent les flots effrénés des baisers...

Les Vignes folles.

Mais vous le défendez, reine de mes délires,
Vous ne le voulez pas, Circé pleine d'orgueil,
Vous dites de se taire aux cordes de nos lyres,
Et vous nous glacez tous de peur, par un coup d'œil.

Que redoutez-vous donc, sinistre enchanteresse ?
Quelle révolte enfin craignez-vous, dites-moi ?
De ma vaine raison n'êtes-vous pas maîtresse ?
Ne me tenez-vous pas captif sous votre loi ?

Craignez-vous donc que j'aille au-devant de la foule
Lui crier : — Ne viens pas dans cet endroit fatal ;
Vois ma blessure en feu par où mon sang s'écoule ;
Vois mon cœur sur lequel se pose un pied brutal ! —

Non ! ivre que je suis du vin de la folie,
Pour ne pas effrayer les timides passants,
Je mettrais du carmin sur ma lèvre pâlie,
J'adoucirais pour eux mes sauvages accents.

Mais je prendrais mon cœur meurtri, mon cœur qui saigne
Et je l'enfilerais, pareil à ceux qu'on voit
Galamment transpercés et peints sur une enseigne,
Avec ces mots : — Ici l'on mange, ici l'on boit !

J'en ferais un hochet bien ciselé pour celle
Dont la superbe épaule a le balancement,
Sous l'ardeur des cheveux où la flamme ruisselle,
Du ballon que les airs bercent nonchalamment !

*Un hochet pour les mains magnifiques et pures
De l'enfant radieuse et blanche, de l'enfant
Dont les tout petits doigts aux roses découpures
Tiennent la clé des cieux, qu'un chérubin défend.*

*Et quand j'aurais bien dit les angoisses amères
Et les soucis aigus aux serres de vautour,
Épris de la grandeur terrible des chimères,
J'irais lécher les pieds du beau chasseur Amour ;*

*M'humilier devant son regard qui m'attire,
Vous dire : — Emplissez-moi la coupe où j'ai laissé
Mon âme ; prolongez sans cesse mon martyre,
Sans pitié, sans égard, ô puissante Circé !*

Les Bohémiens.

A Gustave de Coutouly.

*Vous dont les rêves sont les miens,
Vers quelle terre plus clémente,
Par la pluie et par la tourmente,
Marchez-vous, doux Bohémiens ?*

Hélas ! dans vos froides prunelles
Où donc le rayon de soleil ?
Qui vous chantera le réveil
Des espérances éternelles ?

Le pas grave, le front courbé,
A travers la grande nature
Allez, ô rois de l'aventure !
Votre diadème est tombé !

Pour vous, jusqu'à la source claire
Que Juillet tarira demain,
Jusqu'à la mousse du chemin,
Tout se montre plein de colère.

On ne voit plus sur les coteaux,
Au milieu des vignes fleuries,
Se dérouler les draperies
Lumineuses de vos manteaux !

L'ennui profond, l'ennui sans bornes,
Vous guide, ô mes frères errants !
Et les cieux les plus transparents
Semblent sur vous devenir mornes.

Quelquefois, par les tendres soirs,
Lorsque la nuit paisible tombe,
Vous voyez sortir de la tombe
Les spectres vains de vos espoirs.

Les Bohémiens.

Et la Bohême poétique,
Par qui nous nous émerveillons,
Avec ses radieux haillons
Surgit, vivante et fantastique.

Et, dans un rapide galop,
Vous voyez tournoyer la ronde
Du peuple noblement immonde
Que nous légua le grand Callot.

Ainsi, dans ma noire tristesse,
Je revois, joyeux et charmants,
Passer tous les enivrements
De qui mon âme fut l'hôtesse :

Les poëmes inachevés,
Les chansons aux rimes hautaines,
Les haltes au bord des fontaines,
Les chants et les bonheurs rêvés ;

Tout prend une voix et m'invite
A recommencer le chemin,
Tout me paraît tendre la main...
Mais la vision passe vite.

Et, par les temps mauvais ou bons,
Je reprends, sans nulle pensée,
Ma route, la tête baissée,
Pareil à mes chers vagabonds !

L'Isolé.

A ÉMILE MONTÉGUT.

Comme un satrape lourd, sur sa natte immobile,
Regarde vaguement tout passer près de lui,
Compagnon de mon corps et de ma chair débile,
O mon cœur ! tu te plais dans un superbe ennui.

Ne daignant pas mourir et ne voulant plus vivre,
Contemple les lutteurs sans décerner de prix ;
Savoure, quand bien même elles te rendraient ivre,
Les grandes voluptés qui naissent du mépris !

En vain, éparpillant l'or de leurs tresses blondes,
Les filles de plaisir font bondir en dansant
L'éclatante blancheur de leurs mamelles rondes,
Et tordent leurs bras nus dans un air frémissant.

Qu'importe ? tu sais bien que ces filles sans âme
Singent d'une façon absurde l'impudeur,
Et ne sauront jamais couvrir le vice infâme
D'un effrayant manteau d'audace et de grandeur.

L'Isolé.

Quel jour ont-elles su porter leurs fronts profanes
Ainsi qu'il conviendrait aux Phrynés, fièrement ?
Ah ! c'est pitié de voir ces fausses courtisanes
Qui n'osent épuiser les veines d'un amant !

Ce n'était pas ainsi, fougueuse Messaline,
Que tu serrais un homme entre tes bras divins !
Tu ne te faisais pas petite et pateline,
Et tu buvais le sang dans la pourpre des vins !

Alors qu'anéanti par tes âpres caresses,
Ton amant s'éteignait, pâli sous la douleur,
Fatiguée et pourtant avide encor d'ivresses,
Tu pressais longuement ses lèvres sans chaleur !

Laquelle maintenant des lâches hétaïres
Qui se font voir au bois aux bras de nos boursiers
Oserait, sans trembler, songer à ces délires
Qui laissaient pour longtemps les corps suppliciés !

Nulle part la vertu, nulle part la débauche ;
Rien n'est beau, rien n'est grand, rien enfin n'est complet:
Dans un terne milieu, vague, stupide et gauche,
Le monde abâtardi se roule et se complaît.

Les femmes ont traîné dans les vieux vaudevilles
Leurs jupons soulevés sans amour ! O dieux bons !
Vous le voyez, toujours au fond des choses viles,
Du haut de nos fumiers infects, nous retombons.

O mon cœur ! ô mon cœur ! tu connais cette angoisse
Interminable et lente et qu'on ne peut tromper ?
Faut-il que chaque jour qui se lève l'accroisse,
Et sans cesse l'ennui devra-t-il nous saper ?

Recommenceras-tu la très-niaise histoire
De l'angélique amour dont on rêve à seize ans:
Vin incolore et fade, et qu'on ne saurait boire
Sans noyer de langueur ses organes puissants ?

Ah ! chanter sous les cieux avec une ingénue
Dont rien encor n'a fait soulever le corset,
Et baiser avec soin, le long de l'avenue,
Les feuilles que sa robe en ondoyant froissait;

Violenter un cœur de glace pour lui faire
Exhaler un aveu qu'emportera le vent,
C'est bon lorsque sourit l'aube, quand l'atmosphère
Se teint de rose et d'or sous le soleil levant.

Mais, quand le fier Amour à la vaste poitrine,
Le dieu fort, irrité, le tyran furieux,
Sous son doigt menaçant, devant qui tout s'incline,
A courbé vers le sol notre front sérieux;

Quand les désirs sans frein sur leur aile sublime
Ont emporté notre âme aux champs de l'infini,
Qui, sans être saisi de démence et sans crime,
Sur les bords du Lignon reconstruirait un nid ?

L'Isolé.

Il faut jusques au bout soutenir son grand rôle;
Hercule ne doit pas languir près d'un rouet;
Aux pieds de Marguerite assis, Faust n'est qu'un drôle
Qu'on devrait corriger et châtier du fouet.

Mais sois calme, ô mon cœur ! ne crains pas qu'on surprenne
Ton orgueil, sur qui rien ne doit jamais régner
Qu'une noble lionne aux allures de reine :
Lorsque je t'ouvrirai, ce sera pour saigner ;

Lorsque j'aurai trouvé la griffe impérieuse
Que le destin forma pour mordre et déchirer,
Qui marche vers son but, rouge et victorieuse,
Et même en nous tuant nous force à l'adorer !

Jusque-là, jusque-là, dans ton indifférence,
Inaltérable et grave, ô mon cœur ! reste encor,
Respire les parfums cruels de la souffrance :
Le temps n'est pas venu de prendre ton essor.

Sache faire un bonheur de l'amère tristesse,
Dont les pleurs comprimés te brûlent lentement,
Accueille la douleur comme une vieille hôtesse,
Donne-lui la moitié de ton isolement.

Ne crains pas d'enfoncer les pointes du cilice,
Et de sentir ses dents te labourer la chair.
O martyr glorieux, prolonge ton supplice,
Les vautours s'abattront sur toi du haut de l'air.

Mais tu t'endurciras dans ces luttes viriles,
Et l'atroce Chimère, arrachant ses cheveux,
Verra ses efforts vains, ses attaques stériles,
Et de rage tordra ses flancs durs et nerveux.

Le fer s'émoussera sur ton écorce rude ;
Ainsi qu'un vieux rocher, effroi des matelots,
Tu ne comprendras plus, blasé par l'habitude,
Les plaintes de la mer ni la voix des sanglots.

Et les bourreaux, lassés, auront peur de leur proie,
Et peut-être qu'un jour, de tant de maux soufferts,
Tu verras naître enfin la rayonnante Joie ;
Des fleurs croîtront pour toi malgré les noirs hivers.

Tu souriras, alors que de jeunes victimes
Lèveront vers le ciel leurs bras désespérés,
Ayant déjà gravi les plus altières cimes,
Ayant vu jusqu'au fond des enfers ignorés !

Alors, ô cœur sauvage ! aucune chasseresse
N'osera pénétrer dans ton antre béant,
Et tu pourras attendre ainsi, dans cette ivresse,
Le jour si désiré de l'éternel Néant !

Les Antres malsains.

A CHARLES BATAILLE.

I

Sans craindre que le vent nauséabond altère,
Muse, avec tes rosiers la neige de tes seins,
Tu peux, fille robuste à la parole austère,
Pénétrer avec moi dans les Antres malsains,

Dans les gouffres du rire et des pleurs lamentables,
Des haillons que le vin a rougis tristement,
Où, harassé d'ennui, les coudes sur les tables,
Se vautre le bétail de l'abrutissement.

Là jamais le soleil n'entre que par les fentes
Des sinistres volets où l'ivrogne a heurté ;
Ici l'on connaît bien tes chaleurs étouffantes,
Mais non pas tes rayons divins, joyeux Été !

C'est là que le vieillard vient aux heures nocturnes
De son désir mourant secouer la torpeur,
Et demander tout bas aux filles taciturnes
Les effrayants baisers dont les amants ont peur.

C'est là que le jeune homme, avide de connaître
Le plaisir qui l'appelle avec un air moqueur,
S'en vient assassiner, à tout jamais peut-être !
L'idéal florissant qu'il porte dans son cœur.

C'est là que, las enfin d'une longue détresse,
Celui que l'amertume abreuve de ses flots
Vient une fois de plus mépriser sa maîtresse
Et tâche d'apaiser le bruit de ses sanglots.

Puis, ô honte ! c'est là que vient cet homme étrange
Que la prostituée adore, et dont la voix
Rauque et brutale apporte au sein de cette fange
Comme un ressouvenir des amours d'autrefois.

C'est l'infecte maison où l'effroi se promène,
L'auberge dont l'enseigne est un gros numéro,
Le taudis qui s'entr'ouvre une fois par semaine,
Quand, muet et fermé, passe le tombereau.

Et pourtant ce n'est pas le repaire propice
Au vol tout aussi bien qu'à la lubricité,
Le bouge dont l'entrée a l'air d'un précipice
Et qu'on retrouve encore au fond de la Cité ;

Et ce n'est pas l'hôtel aux courtines de soie
Où le vice insolent a de riches habits,
Et met, sans trop d'efforts, le masque de la joie
Sur son front, aux clartés du gaz et des rubis ;

Où, parfois, au milieu des ivresses funèbres,
De lui-même surpris, un léger madrigal,
Comme un oiseau du jour noyé dans les ténèbres,
Se heurte étrangement en son vol inégal !

Non ! c'est une maison d'apparence bourgeoise,
Elégamment risible en son bon goût mesquin,
Pavillon sur les bords de la Seine ou de l'Oise,
Villa d'un bon rentier, cottage américain.

Et pourtant, en passant tout auprès, on frissonne,
La femme avec dégoût semble hâter le pas,
Et l'homme, sur le seuil, prend garde que personne,
Quand il entre en ce lieu, ne l'aperçoive pas !

II

La figure de blanc et de carmin plaquée,
La Matrone est assise au centre du comptoir :
Bourgeoise comme aux jours de fête requinquée,
Elle agaçait, jadis, l'asphalte du trottoir.

Mais certes, à présent, rien en elle n'indique
La fille au regard prompt en quête d'un galant,
Et même c'est avec une grâce pudique
Que le sourire naît sur sa lèvre en parlant.

Les Vignes folles.

Nulle méchanceté ne luit en sa prunelle,
Et, tout en consultant les chiffres d'un carnet,
Elle suit, d'un œil plein de bonté maternelle,
Le troupeau dispersé parmi l'estaminet.

Oh! l'effroyable ennui qui pèse sur ces têtes,
Qui courbe tous ces corps sur le pâle velours
De la banquette usée! On croirait voir des bêtes,
Tant leurs yeux sont éteints, tant leurs membres sont lourds!

Et pourtant, ô douleur! quelques-unes sont belles
De la fraîche beauté qu'enfantent les vingt ans;
Elles pourraient se joindre aux folles ribambelles
Dont s'émaillent les prés aux heures du printemps!

Elles pourraient jeter librement dans l'espace
Leur chanson, leur bonnet et leurs bras en collier
Au col de leur amant, sans qu'une main rapace
De leur caprice heureux les osât spolier!

L'une, enfant qui s'endort aux bras de la débauche,
Apprend de sa voisine un refrain crapuleux
Qu'ensuite elle s'en va chanter, timide et gauche,
Auprès d'un militaire, en fermant ses yeux bleus.

Une autre se renverse, irritante et lascive,
Détirant dans les airs ses bras dévergondés,
Sur les genoux d'un homme à face répulsive
Qui baise ses cheveux fortement pommadés.

*Par les âpres travaux de la veille meurtrie,
La troisième, en ronflant, laisse par soubresauts
Sa tête côtoyer son épaule flétrie,
Dont l'antique satin a perdu des morceaux.*

*Comme une bête fauve entraîne sa capture,
L'autre emmène un jeune homme, imberbe aux traits rougis,
Puis injurie, avec une obscène posture,
Le stupide garçon qui sert en ce logis;*

*Tandis qu'une Allemande écoute avec ivresse
Un jeune cabotin, ô Valmont! ton rival,
Qui lui parle à genoux d'amour et de tendresse,
Et cherche à retrouver les mots d'Armand Duval!*

III

*Cependant, au milieu de la salle enfumée,
Se pavane une fille aux énormes appas,
Dans un calme idiot nonchalamment pâmée,
Écarquillant les yeux et ne regardant pas.*

*Sur son front, hérissés, lourds et pleins d'insolence,
A peine par le peigne en chignon réunis,
S'étendent, dans leur gloire et dans leur opulence,
Ses ardents cheveux roux par les parfums brunis!*

Son col majestueux ondule sous leurs ombres
Au chant clair des pendants d'oreilles en métal,
Et ses rudes sourcils, mystérieux et sombres,
Forment un angle aigu provoquant et brutal.

Sa voix avec effort entre ses lèvres gronde,
Fétidement mêlée à l'odeur de l'alcool,
Et sa vaste poitrine aventureuse et ronde,
Flotte comme un ballon qui va prendre son vol!

Son bras, qui dans le vide au hasard se ballotte,
Merveillé de blancheur et de force, est orné
De ces mots au poinçon gravés : PIERRE ET LOLOTTE,
Et d'un cœur d'un foyer éternel couronné.

Piliers éblouissants, ses jambes, que dérobe
La jupe en ce moment baissée, ont la couleur
Du marbre le plus pur; et, soulevant la robe,
Ses hanches ont un charme étrange et querelleur.

Cette lasciveté de formes se reflète
Dans son ajustement bizarre et singulier,
Dans les vains oripeaux qui forment sa toilette,
Dans le petit ruban qui couvre son soulier.

Sa jupe extravagante à fond lilas est faite
De volants étourdis l'un sur l'autre grimpant,
Et, sur le côté gauche, une énorme bouffette,
A moitié décousue, à la ceinture pend.

Sa gorge, qui tressaille, agite par saccades
La chemisette lâche et blanche, dont les plis,
Laissant l'épaule nue, arrivent en cascades
Baigner languissamment ses beaux reins assouplis.

Regardez-la marcher : c'est la Brute impassible,
La machine d'amour inerte en sa lourdeur,
Le mannequin de chair à la chair insensible,
Qui ne sait pas rougir et n'a pas d'impudeur !

C'est l'instrument passif. Non ! cette créature
N'a jamais été femme, ah ! jamais un instant !
Elle ne connaît rien, ni bonheur, ni torture ;
Son oreille ne sait jamais ce qu'elle entend.

Après avoir quitté la maison de son père,
Quand elle abandonna l'homme qui la battait,
Et qu'elle mit le pied dans l'immonde repaire,
Elle sentit vraiment alors qu'elle existait.

Il semble qu'à la voir on soit pris d'épouvante
Et que l'on doive fuir au plus vite ; mais non !
Mais non, il faut rester ! charmeresse savante,
Elle se rive à nous par un secret chaînon.

D'où te vient, dis-le-moi, cet effroyable empire,
Froide magicienne, ô louve ! Près de toi,
L'âcre poison se mêle à l'air que je respire,
Et l'excès du bonheur me conduit à l'effroi.

Réponds, masse de chair ! pourquoi ma lèvre a-t-elle
Ces longs frémissements quand tu viens m'embrasser ?
A ton insanité la passion m'attelle,
Et je crois, dans tes bras, que je vais trépasser !

C'est que, Brute, tu sais flairer en moi la Brute,
Et, lorsque dans tes yeux alanguis et méchants
Mon regard inquiet s'aventure et les scrute,
Il rencontre un miroir aux reflets alléchants !

C'est que dans ta beauté sans grâce je démêle
L'irrésistible attrait qui ravit tous mes sens ;
Et, comme un animal qui trouve sa femelle,
Du haut de mon orgueil à tes pieds je descends.

IV

Il fait nuit. Mots confus, romances ordurières,
Se croisent sous le toit du logis ténébreux,
Et, tombant de sommeil, les pâles ouvrières
Se mettent au labeur qui leur rend les yeux creux.

O louche volupté, c'est ton heure ! Perdue
Dans les flots parfumés de ses longs cheveux blonds,
Laurette ouvre à demi sa paupière éperdue
Et compte les instants qui lui semblent bien longs.

Où donc est cette époque où, joyeuse et frivole,
Elle écoutait jaser les oiseaux tapageurs ?
Oh! comme le temps court! comme le temps s'envole!
Les roses lui donnaient leurs charmantes rougeurs.

Le merle saluait sa figure divine,
Et Laurette apprenait au merle des chansons;
Elle courait pieds nus au fond de la ravine
Et souriait aux nids cachés dans les buissons.

Fraîche idylle! Un matin, Laure s'en est allée;
Mais son amant avait la voix tendre et disait
Des mots si ravissants qu'elle, tout affolée,
Sentait son pauvre cœur sauter dans son corset.

Et, ce beau rêve aidant, son cœur tressaille encore,
Elle ouvre ses deux bras, mais un manant épais
Auprès d'elle couché grogne : — Laide pécore,
J'ai besoin de dormir; laisse-moi donc la paix!

V

Oh! l'aurore du ciel, la lumière abondante,
Les arbres agitant leurs panaches fleuris,
Et la séve de mai qui réjouit, ardente,
Les champs las de l'hiver, les cœurs las de Paris!

Les Vignes folles.

Viens les chercher, Mignonne: Il est sous les feuillages
Un cabaret charmant, près de Ville-d'Avray;
Une vigne s'enlace au bois vert des treillages:
Là de ton doux regard souvent je m'enivrai.

O ma belle, ô ma blonde! une gaîté céleste
S'épanouit en l'air et brille sur nos fronts!
Passe ton bras au mien et lève ton pied leste,
Et de l'amour épars nous nous abreuverons!

Viens! nos baisers joyeux, échangés sans contrainte,
Retentiront longtemps, libres, roses, ailés,
Dans une interminable et ravissante étreinte,
Où les âmes, les sens, les cœurs, seront mêlés!

O songe disparu! Je n'ai plus d'amoureuse,
Je n'ai plus de maîtresse et je bâille d'ennui!
Un souvenir amer, qu'incessamment je creuse,
Seul me dit quelquefois que le soleil a lui;

Et, les sens tourmentés d'une fièvre charnelle,
Je me suis dirigé vers la triste maison
Où veille, nonchalante et morne sentinelle,
Celle dont les baisers me seront un poison!

LES FLÈCHES D'OR

(1864)

A mon cher et illustre maître

LECONTE DE L'ISLE

CE LIVRE EST DÉDIÉ.

A. G.

A Théophile Gautier.

*Malgré les vieux clichés des rêveurs poitrinaires
Qui crachent leurs poumons au fond des grands journaux
Et content aux bourgeois, leurs lecteurs ordinaires,
Que la Muse n'est plus, et que vents et tonnerres
Ont fait un peu de cendre avec ses nobles os,*

*Pleins de joie et d'orgueil, nous marchons, et la plaine
Ondule sous le vent de nos belles chansons ;
Le rossignol écoute et retient son haleine,
O mon maître ! et toujours le fantôme d'Hélène,
Radieux, nous conduit vers de clairs horizons.*

*Les fleurs que nous cueillons ne sont pas éphémères ;
Comme les aloès elles durent cent ans,
Et nous trouvons du miel dans les coupes amères,
Car nous savons donner un corps à nos Chimères
Et sculpter nos héros dans les blocs résistants.*

*Nous passons, méprisant les niaises atteintes
Des envieux braquant sur nous leurs gros yeux ronds.
Nos pas, dans les rochers, ont creusé leurs empreintes,
C'est bien du sang des dieux que nos veines sont teintes
Et le laurier sacré fait un nimbe à nos fronts.*

*Ses cheveux ruisselant sur son épaule fière,
La Muse auguste est là, folle d'amour, ouvrant
Ses bras nus arrosés de vie et de lumière,
Avec l'air martial d'une jeune guerrière
Aspirant les accords du clairon enivrant.*

*Le soleil amoureux éclaire sa poitrine
Blanche sous les ardeurs des rayons embrasés,
Pendant qu'une lueur charmante et purpurine
Caresse tendrement l'aile de sa narine
Et sa lèvre hautaine aux terribles baisers.*

*Nous seuls avons le droit de toucher sa ceinture
Et les voiles flottants sur son beau corps épars ;
Les autres, écrasés par sa haute stature,
Tremblent, sachant qu'elle est pour eux cruelle et dure,
Et qu'elle peut lutter avec les léopards !*

*Comme elle est jeune et forte, elle veut, quand on l'aime,
La force et la jeunesse au cœur de ses amants,
Et crache son mépris à la figure blême
De celui qui n'a pas, jusqu'au fond du ciel même,
Volé d'abord le feu sur les autels fumants.*

Par les âpres déserts que la flamme calcine,
Par les noires forêts où les fauves ont peur,
Où dort dans les poisons la vipère assassine,
Par les pôles perdus où la glace dessine
Ses aiguilles sans fin sur un fond de vapeur,

Elle veut que l'on aille au-devant des épreuves,
Et baise sur le front le vainqueur obstiné
Qui, cherchant à frayer, au loin, des routes neuves,
S'est livré, confiant, au hasard des grands fleuves
Et revient glorieux d'un monde nouveau-né !

Comme vous, autrefois, vers les rives lointaines,
O maître ! nous partons, jaloux d'entendre aussi
La foudre se mêler aux chansons des fontaines,
Et de fouler avec nos semelles hautaines
Les flots de l'Océan sous nos pas adouci.

Nous sommes bien vos fils, ô lutteurs athlétiques,
Qui couriez sans faillir aux combats renaissants,
Amants libres et forts des vierges romantiques,
Qui saviez émouvoir les roches granitiques
Par l'accord mâle et fier de vos nobles accents !

CELUI que les lions ont nourri de leurs moelles
Se rappelle pour nous le chant d'Eviradnus ;
Véronique apparaît, blanche dans ses grandes voiles,
Atta-Troll lourdement danse sous les étoiles,
Et la mer apaisée enfante encore Vénus !

Et lorsque nous aurons fait nos moissons complètes,
Poètes de vingt ans, frères qui sommes nés
Dans un temps glorieux pour la Muse, et de fêtes,
Nous nous inclinerons devant les grands poètes
Qui marchent devant nous, et qui sont nos aînés,

Nous souvenant toujours d'avoir bien en mémoire
Que l'admiration est le fait des grands cœurs,
Et que nous sommes vus par le Maître de gloire
Qui, du fond de l'exil, domine notre histoire
Et protége nos fronts de son laurier vainqueur !

Nocturne.

A ÉMILE DESCHAMPS.

Vous reviendrez, belles ombres galantes,
Dans ces bosquets par vous charmés encor ;
Laissant traîner vos robes opulentes,
Vous reviendrez dans ce rare décor.

Elle courra la folle mascarade
Des grands seigneurs tout enfiévrés d'amour,
Et nous aurons des vers de Benserade
Pour vos beaux yeux qui sont couleur de jour.

Vos grâces, là, se trouveront chez elles.
Les verts gazons vous seront un tapis,
Et vous ferez encor battre des ailes
Aux Cupidons sur les sphinx accroupis.

Les éventails dans vos mains tant baisées,
Rafraîchiront l'air enflammé du soir,
Et les Sylvains dans les branches croisées
Se glisseront afin de vous mieux voir.

Vous reviendrez, ô nobles Dorimènes !
Et les marquis, en vous pressant la main,
Vous nommeront tendrement inhumaines,
Vous leur direz en riant : « A demain ! »

Loin des bassins où le cygne se mire,
Dans les recoins du bois abandonnés,
Les preux, jaloux des faveurs des Thémire,
Se couperont la gorge en gens bien nés.

Vous reviendrez par un beau clair de lune,
Quand auront fui du parc majestueux,
Humiliés par leur troupe importune,
Tous ces bourgeois fous et tumultueux ;

A l'heure auguste où le rossignol chante,
Où passe Hécate en un char de vapeur,
Où, s'appuyant sur son urne penchante,
La Nymphe songe au beau Faune trompeur ;

A l'heure où court la chasse fantastique
D'Hérodiade au fond du noir ravin,
Quand Faust éveille, avec le monde antique,
La grande Hélène au visage divin.

Et les amants de la douce féerie,
Qui vous suivront aux taillis toujours frais,
Dans leur chanson mollement attendrie
Raconteront ce Walpurgis français.

(Versailles.)

Roman comique.

I

O comédienne ! Molière,
Le grand vagabond du bel art,
Eût fait de vous son écolière
Sur les chemins pleins de hasard.

Il vous eût donné le sourire,
Le charme et la grâce des pleurs,
L'âme tendre qui se déchire
Par l'amour et par les douleurs.

*Il vous eût donné cette fièvre
Qui suit les courageux travaux.
Ne voit-on pas, sur votre lèvre,
Causer Shakspeare et Marivaux ?*

*Mais à quoi bon ces dons ? Les fées,
Dès votre berceau triomphant,
D'avoine folle et d'or coiffées,
Vous avaient prise pour enfant.*

*Et, quand vous souleviez vos langes,
En agitant vos petits bras,
Vous entendiez déjà les anges
De l'amour vous parler tout bas !*

II

*Aujourd'hui les comédiennes
N'égarent plus leurs fins souliers
Au travers des routes anciennes
Où croissent les lys oubliés.*

*Leur génie est dans la tenture
Que le tapissier déploya ;
Il leur faut la littérature
Honnête de monsieur Laya.*

Il leur faut ces calmes prodiges
Implantés par un art nouveau,
La passion et ses vertiges
Changés en rhume de cerveau.

III

Mais vous ! vous recherchez encore
Les tristesses et les sanglots,
Les cris dont la Lyre sonore
Épanche largement les flots.

O baladine enamourée !
Votre désir est que les vents
Soulèvent la masse adorée
De vos souples cheveux mouvants.

Les héroïques charmeresses
Qui dérobent avec douceur
Leurs seins sous la peau des tigresses,
Vous appellent leur jeune sœur.

Et, ravis au pays féerique
Que défendent les dieux jaloux,
Les fous, les poètes lyriques
Pleurent de joie à vos genoux.

Car la Muse en feu, de son aile,
Touche votre front, et vos doigts
Sur la grande Lyre éternelle
Retrouvent la chanson des bois,

La divine chanson chantée
Jadis dans le repos du soir,
Avant que ne fût inventée
La comédie en habit noir.

A Miss Mary.

Le Destin a voulu que vous fussiez charmante,
Et vous l'êtes. Riez, miss Mary, regardez :
Vous charmez toute chose et tout vous complimente;
Les cœurs courent à vous, par vos beaux yeux guidés.

Et vos cheveux sont d'or, l'air de mai les tourmente,
Votre frais rire éclate en grelots saccadés ;
On vous aime de tout, même d'être inclémente,
Et l'amour avec vous en vain pipe les dés.

Il semble qu'on pourrait, tant vous êtes petite,
Vous cacher sur son cœur, comme on fait d'un portrait
Qu'on regarde souvent, de peur qu'il ne vous quitte.

Voulez-vous qu'on vous cache ainsi ? Non, ce serait
Imprudent. Près du cœur garder ces yeux de flamme !
Puis, comment pourrait-on être à vos pieds, madame ?

Marivaudage.

Pareille à la chasseresse
Du bois par l'ombre habité,
Vous vous dressez dans l'ivresse
De votre fière beauté.

Grande, blonde, étincelante,
Vous pourriez dicter des lois,
Et votre lèvre sanglante
A des rires clairs et froids.

Vous dérobez, ô Marie !
Sous le corsage bouffant,
L'innocente barbarie
De la chatte et de l'enfant.

Créature inconsciente,
Habile au mal, savez-vous
De quelle ardeur effrayante
Sont emplis vos yeux si doux ?

Marivaudage.

O charme, ô grâce perverse,
Qu'on aime et qui met en deuil !
Les pleurs qu'à vos pieds on verse
Vous sont des causes d'orgueil.

Vous trônez sur la misère
Dont le lamentable cri
Échappe au cœur qui s'ulcère,
Par le triste Amour meurtri.

O vaniteuse ! on vous aime,
Cependant, pour vos défauts,
Pour votre cruauté même,
Pour votre cœur tendre et faux ;

Car cet appétit étrange
Pour les plaisirs non permis
Vous vient d'Ève qui se venge
Du péché qu'elle a commis !

A Ernest d'Hervilly.

Pas de vers aujourd'hui, Muse ! puisque j'attends
Cette fille de Flandre aux regards éclatants,
Qui m'a promis, hier, de m'apporter sa joie.
Sa gorge fait craquer le corsage de soie,
Et le buste éblouit les yeux par sa rondeur,
Pendant que ses cheveux, massés avec lourdeur,
A son front bas et pur forment une couronne.
L'insolente santé de son corps l'environne
Comme un nimbe palpable, et, dans cet air léger,
Joyeuse et colossale, elle semble nager.
 Et je ferais des vers ! quand cette créature,
Toute grâce enfantine en sa haute stature,
Va venir ! mais sa lèvre à l'arc délicieux,
Avec ses longs baisers, ne vaut-elle pas mieux
Que les méchants sonnets qu'un poëte peut faire ?
Rimer une chanson d'amour, la belle affaire !
Quand mes doigts enfiévrés vont errer librement
Sur la sainte blancheur de ce buste charmant,
Et que, des flots épars du velours, fière et nue,
Elle va m'apparaître, ainsi que sous la nue
Les déesses de marbre au sourire éternel,
Et chanter, pour mes yeux, son poëme charnel !

A Ernest d'Hervilly.

*Oui pourtant, je ferai des vers ! eh ! que m'importe
Que la fille, après tout, frappe ou non à ma porte ?
Pour une de perdue, on en retrouve cent.
Mais le vers amoureux, informe, vagissant,
Qui demande sa rime et qui n'a pas encore
Su trouver son chemin dans le rhythme sonore,
Le vers que l'on n'a pas dompté reviendra-t-il ?
Dites, saisirez-vous ce papillon subtil
Quand vous l'aurez laissé s'échapper dans la plaine ?
Que deviendra ce sylphe ailé fait d'une haleine
Qui, prenant dans les airs radieux son vol sûr,
Se sera brusquement dissipé dans l'azur ?*

*Tous nos amours s'en vont, et toutes nos chimères
Nous quittent, vain jouet des brises éphémères !
L'amoureuse qui vient, demain repartira,
Mais le vers glorieux et calme restera
Témoin de nos amours passés. O Muse ! ô mère !
Je sais qu'il est des gens trouvant ta coupe amère,
Qu'ont rebutés le fiel et l'absinthe du bord ;
Mais d'autres, roidissant leur cœur dans un effort
Sûr et victorieux, ont trouvé l'ambroisie
Qui parfume le fond de la coupe choisie.
Or, je suis de ceux-là. J'ai saisi, tout enfant,
La lyre que sa gloire immortelle défend
Des profanes regards, et qui devient de flamme
Pour qui la veut tenir sans que, soudain, son âme
Tressaille d'épouvante et d'angoisse ; et les dieux
Ont laissé leur splendeur visible pour mes yeux.*

Donc, ô rhythmes ! chantez et déroulez vos ondes,

O Muses ! dénoüez vos chevelures blondes,
Et toi, crois, ô grand arbre éternellement vert,
Laurier victorieux ! et, dans le ciel ouvert,
Allonge tes rameaux démesurés et plane
Sur nos fronts lumineux dans l'éther diaphane !

Galanterie.

Oh ! ne les cachez pas ces yeux purs et charmants !
N'avez-vous pas vos cils ? relevez votre voile :
Quand on est riche, il faut montrer ses diamants.

Qu'ils soient à votre front comme une double étoile. —
N'imitez pas les gens qui, sur les meubles chers,
Mettent avec prudence une housse de toile.

A quoi bon amoindrir leurs feux vifs et si clairs ?
Madame, laissez-les rayonner à leur aise,
Ces beaux soleils captifs dans la neige des chairs.

Pour l'heureux qui vous a, je conçois qu'il vous plaise
De voiler votre sein, et sur votre cou rond
De jeter un fichu bien léger qui lui pèse.

Galanterie.

Ces trésors, des regards élus en jouiront. —
Tendre pudiquement, leur beauté diaphane
Redoute le grand jour à l'égal d'un affront.

Ils sont faits pour un seul ; — tout autre les profane
Qui ne doit pas franchir le seuil mystérieux
Que l'Amour souriant jusqu'au matin condamne.

Cachez-nous votre épaule et vos seins : c'est au mieux,
Et nous jalouserons votre amant, sans rancune, —
Ainsi qu'il est permis de jalouser les dieux !

Mais aussi vous pouvez, sans imprudence aucune,
Nous laisser voir ce qui ne se dérobe pas,
Vos yeux d'un si bel air sous votre tresse brune.

Du paradis trop clos interdit à nos pas,
C'est tout ce qui nous vient. Conservez-nous, madame,
Les astres qu'à sa voûte on voit briller d'en bas,

Nous nous pourrons au moins réchauffer à leur flamme !

A Cypris.

Déesse à la crinière blonde
Que guident les ramiers épris,
Toi qui poses tes pieds sur l'onde,
Ange du printemps, ô Cypris !

Fléchis pour moi l'enfant rebelle,
Aux yeux charmants, aux doigts rosés.
Qui se contente d'être belle
Et se refuse à mes baisers.

Dis-lui que l'étoile est levée
Qui verse un mystérieux jour
Dans l'âme d'ivresse abreuvée,
Dis-lui d'aimer, mère d'amour !

Dans les champs élus de la Grèce,
Nymphe divine, elle n'a pas,
Plus légère qu'une caresse,
A ton autel porté ses pas.

Fille du Nord, elle est venue
Dans un siècle impie et mauvais,
Où la splendeur est méconnue
De la forme que tu revêts.

A Cypris.

Mais, ô déesse ! une Immortelle
Envierait son col svelte et pur.
Ses yeux sont une cascatelle
D'où s'épanchent des flots d'azur.

Oh ! sur l'arc de sa lèvre humide,
Quels rosiers ! Quel corail vermeil !
Jamais, sous la blanche chlamyde,
Glycère n'eut un sein pareil !

Elle sourit, et l'air est rose.
Coquette aux gestes nonchalants,
Avec quel art elle dispose
Les plis de sa robe à volants !

Près de cette Parisienne,
Dont je n'ai pu voir sans effroi
La beauté correcte et païenne,
Cypris, intercède pour moi !

Fais que ce soir, pâle, interdite,
Elle reconnaisse tes jeux,
Tes jeux cruels, grande Aphrodite !
Soulève son cœur orageux !

Je t'offrirai deux tourterelles
Au tendre et doux gémissement,
Échangeant des baisers entre elles
Avec un long frémissement.

Et partout je dirai ta gloire,
Mère des muettes langueurs,
O fille des flots, dont l'histoire
Épouvante et charme les cœurs !

―――

La Normande.

A ANDRÉ LEMOYNE.

Elle est belle vraiment, la Normande robuste
Avec son large col implanté grassement,
Avec ses seins, orgueil et gloire de son buste
Que fait mouvoir sans cesse un lourd balancement !

Elle est belle la fille aux épaules solides,
Belle comme la Force aveugle et sans effroi !
Il faut pour l'adorer longtemps des cœurs valides
A l'épreuve du chaud, de la pluie et du froid.

Les phthisiques amants de nos lâches poupées
Reculeraient devant ce corps rude et puissant
Dont les mains, aux travaux de la terre occupées,
Montrent, au lieu des lys, l'âpre rougeur du sang.

Chanson.

*Au détour d'un sentier alors qu'elle débouche
Ainsi qu'une génisse errant en liberté,
On croit voir la Cérès indomptable et farouche
Du gras pays normand si riche de santé.*

*Regardez-la marcher parmi les hautes herbes
La fille aux mouvements sauvages et nerveux,
Pendant que sur son front les grands épis des gerbes
Poussiéreux et serrés hérissent ses cheveux!*

*C'est auprès de Bayeux que je l'ai rencontrée,
Dans un chemin couvert bordé par les pommiers,
Où, la blaude flottante et la jambe guêtrée,
Le nez à l'air rougi, passaient deux gros fermiers.*

Chanson.

*Un soir tendre et mélancolique
Que nous serons seuls entre nous,
Seuls, ô mon aimée Angélique!
Je veux m'asseoir à vos genoux.*

*Mais bien avant dans la soirée,
Quand, du ciel devenu trop noir
La lune sera retirée,
Sans une étoile pour nous voir.*

La flamme dansera dans l'âtre,
Folle et gaie, et nous baisserons
L'abat-jour au reflet bleuâtre
Juste à la hauteur de nos fronts.

Au dehors le vent et la grêle
Tambourineront sur les toits,
Et, le long de la vitre frêle
L'eau brisera ses filets froids.

Vous serez chaudement assise :
Votre corps se pelotonnant
Dans une attitude indécise
Auprès du foyer rayonnant.

Je me coucherai sur la laine
Du tapis par vos pieds foulé,
Et je retiendrai mon haleine
Pour que nul pli ne soit troublé

Dans les plis divins de la soie
Qui baise votre sein charmant,
Puis je mettrai toute ma joie
A vous regarder longuement.

Et, comme une lente marée
Sous la lune au feu clair et doux,
Du fond de mon âme éclairée,
Mon amour montera vers vous.

L'Art poétique de Thérèse.

Hier, penchant sur moi ta mignonne tête
Blonde, où tout sourit et paraît joyeux,
Tu me regardais écrire, inquiète,
Et sur le papier promenant tes yeux.

Tes bras nus sortaient à demi des manches,
Et tu demandas d'un ton enjoué,
Me voyant noircir tant de feuilles blanches,
« Si je travaillais pour un avoué ? »

Non. Les avoués, ma chère petite,
De ce travail-là seraient mécontents,
Et sauraient purger leur maison bien vite
D'un être qu'on voit perdre ainsi son temps.

Car ce que j'écris, on le considère
Autant qu'un liard qui n'a plus de cours,
Sa valeur encore est plus secondaire;
C'est une chanson faite pour des sourds.

J'exerce un métier rude et difficile :
Lorsque l'on veut bien faire ce métier,
On se voit traiter partout d'imbécile,
On ne trouve plus à se marier.

Dis, te souvient-il de la tragédie
Que nous avons vue un soir ? Te pinçant
Pour te réveiller, et tout engourdie,
Tu me dis : « Cela n'est guère amusant ! »

Voilà, sans pousser aussi loin les choses.
Cependant, voilà tout ce que je fais.
J'accouple des mots jaunes, bleus ou roses,
Où je crois trouver de jolis effets.

Ces lignes tantôt petites ou grandes
Qui semblent marcher toutes de travers
Et sur le papier défilent par bandes,
On appelle ça quelquefois des vers.

Sais-tu, maintenant, quel est leur usage ?
Je t'aime beaucoup, n'est-ce pas ? Eh bien !
Je devrais baiser ton joli visage
Cent fois et toujours, mais je n'en fais rien.

Je m'assieds, je prends une plume neuve,
Et, le nez en l'air, chante nos amours,
Pendant qu'à l'écart, ainsi qu'une veuve,
Tu m'attends, hélas ! seule, tous les jours.

Et ceux-là pour qui justement j'apprête
Ces amours chantés avec tant d'éclat
Disent, en hochant gravement la tête :
« Ça n'est pas utile au bien de l'État ! »

Sonnet d'Hiver.

Quand viendra le printemps, nous irons dans les bois,
Et nous irons aussi dans les prés, ma Thérèse,
Voir si l'on peut cueillir encor la rouge fraise
Dont on se barbouillait les lèvres autrefois.

Mais, chère enfant, il faut que la bise s'apaise,
Que le soleil rayonne, et que les cieux moins froids
Dominent, bleus et purs, l'océan des vieux toits
Où courront les moineaux et l'hirondelle à l'aise.

Oh! la belle partie! et comme nous irons
Joyeux, fous, et laissant éclater sur nos fronts
La gaîté de nos cœurs, superbe et radieuse!

Mais peut-être qu'alors notre amour aura fui
Mes bras enlaceront quelque autre insoucieuse,
Et toi?... Que tes baisers me sont doux aujourd'hui!

Promenades sentimentales.

I

La dernière étoile est éteinte;
Le feuillage, rideau mouvant,
Frissonne joyeux dans la teinte
Vive du beau soleil levant.

Presque jaunis et verts encore
Les blés ondulent doucement ;
Viens saluer la grande aurore
Épanouie au firmament.

Vois : à travers les découpures
Des branches qui s'aiment, le ciel
Laisse entrevoir des couleurs pures
Comme ton œil tendre et cruel.

Viens, enfant, que l'amour nous mène !
Joue avec ton ombrelle aux doigts,
Allons comme l'autre semaine
Respirer la fraîcheur des bois.

L'ombre de ton chapeau de paille
Noyait ton visage si doux ;
Nous entendions chanter la caille
Et l'alouette autour de nous.

Tes petits pieds dans la rosée
Devisaient avec les muguets ;
D'une lueur blanche arrosée,
Tu souriais, j'extravaguais.

Sous un berceau de clématite,
L'œil tendu vers mes yeux amis,
Ramassée et toute petite,
Comme un oiseau tu t'endormis.

II

Viens par les forêts ombreuses ?
Les rameaux entre-croisés
Sur nos têtes amoureuses
Nous invitent aux baisers.

Ne crains pas, l'herbe est si douce !
Pour tes chers pieds de satin :
Nous marcherons sur la mousse
Humide encor du matin.

Sais-tu bien, ô ma jeune âme !
Que c'est fête pour les bois,
Lorsque d'une même flamme
Deux cœurs brûlent à la fois ?

A voir une fine taille
Passer en mantelet blanc,
Le chêne même tressaille,
Et l'orme devient galant.

Ils ont mille fadeurs prêtes
Pour les belles comme toi,
Et dans leurs branches discrètes
L'oiseau chante sans effroi.

Sur le brin d'herbe qui plie,
Attiré par tes beaux yeux,
L'insecte ébloui s'oublie
Afin de t'admirer mieux.

La grotte en riant t'accueille,
Le vent, ce coureur jaloux,
Interrogeant chaque feuille,
Demande : La voyez-vous ?

T'apercevant si jolie,
Tout murmure des aveux,
Et la forêt est emplie
Du parfum de tes cheveux !

III

Mais nous avançons sans même
Voir ces bons arbres si doux !
Nous savons bien qu'on nous aime
Cependant autour de nous,

Que l'air, les feuilles dormantes,
Le gazon et le fraisier
Disent des choses charmantes
Et qu'il faut remercier !

Mais notre bonheur avare
Nous retient dans sa langueur
Et veut que rien ne sépare
Tes deux seins frais de mon cœur.

Un ange ailé nous coudoie,
Et mon baiser amoureux
Vole, abeille ivre de joie,
De ta lèvre à tes yeux bleus.

Mais d'où vient donc que tes rires
N'éveillent plus les échos?
D'où vient donc que tu soupires
Et que voici tes yeux clos?...

Sous la Tonnelle.

La tonnelle est verte où la clématite
Brave le soleil et ses flèches d'or.
Dis-moi que demain, ma chère petite,
Tu consentiras à m'aimer encor!

Tes yeux toujours bleus ne sont plus les mêmes,
Leur charmant azur est triste et voilé.
Dusses-tu mentir, dis-moi que tu m'aimes,
Mon cœur souffre et veut être consolé.

Paresse.

Sais-tu bien, ma petite amie,
Que, m'oubliant dans nos amours,
J'ai laissé la Muse endormie
  Pendant huit jours ?

J'ai dans tes deux bras jeté l'ancre,
Et le papier blanc ne connaît
Plus ni ma plume, ni mon encre,
  Pas un sonnet !

Sais-tu que c'est vraiment un crime ?
Qu'est-ce que les peuples diront ?
Pas un seul vers portant sa rime
  Altière au front !

Qu'ont-ils fait pour qu'on les malmène,
Ces rêveurs épris de hasard ?
Je n'ai pas lu cette semaine
  Mon doux Ronsard.

Qui me retient ? Qui donc m'empêche
De chanter en vers séduisants ?
Ah ! c'est toi, c'est l'odeur si fraîche
  De tes seize ans ;

C'est ton sein dont la gorgerette
Me dévoile la blanche chair,
C'est ta lèvre en fleur où s'arrête
  Un rire clair ;

C'est ta chevelure divine,
Le son de ta voix entendu ;
C'est ta prunelle où je devine
  Un ciel perdu !

C'est toi seule qui m'inquiètes,
Toi, qui demain me trahiras.
Tiens, je suis lâche, et les poëtes
  Sont des ingrats !

A la grande Muse éternelle
Ils préfèrent un frais chiffon,
Aux chants sacrés, la ritournelle
  D'une chanson.

Mais cette chanson est charmante,
Et fait si bien valoir ton cou,
Ce joli chiffon est l'amante
  Dont on est fou.

Et pourtant... Mais non, non, je t'aime
Follement et n'aime que toi,
Mon bonheur, mon ivresse extrême
  Et mon effroi !

La Muse aux grandes ailes d'ange
Viendra, quand tu m'auras quitté,
M'aider à chanter la louange
  De ta beauté.

Et, lorsque j'irai triste et blême
Par le sentier des noirs cyprès,
Me dira les vers d'un poëme
  Plein de regrets !

Sonnets pour Thérèse.

I

Je sais l'art d'évoquer l'amour dans un beau vers,
Et, si brillant que soit ton regard, et si pure
La grâce qui sourit sur ta blanche figure,
En bien d'autres beautés mes yeux se sont ouverts.

La Muse au front paré de lauriers toujours verts
Est allée avec moi courtiser l'aventure,
Et la bête, et le chêne, orgueil de la nature,
Ont, au bruit de mes chants, oublié les hivers.

Je sais depuis longtemps les syllabes magiques
Qui peuvent sur le sable élever un palais,
Et je te dompterais avec, si je voulais;

Mais, puisque dans tes bras aux courbes magnifiques,
Je me suis endormi librement, je ne veux
Que d'une main distraite arranger tes cheveux.

II

Ta douce lèvre est comme une rose mouillée
Quand l'aube, au clair soleil, lève ses voiles blancs;
Ta voix est la chanson dans les nids éveillée
Par le retour d'avril, le mois cher aux galants.

Parfois un gai rayon traversant la feuillée
Illumine les bois de feux étincelants,
Ainsi ta chevelure immense, éparpillée
Sur la riche blancheur de tes seins nonchalants.

Je veux passer ma vie à dire les merveilles
De ton corps aux beautés à nulle autre pareilles,
Fier mélange de force et de tendre langueur,

Et, si jamais ton cœur rompt sa couche de glace,
Je ferai dans mes vers une petite place
Aux désirs à la fin exprimés de ton cœur.

Chanson d'Hiver.

C'est l'hiver, sais-tu ? l'hiver triste et sombre,
La morne saison où le ciel est gris.
Les vents orageux soufflent en grand nombre
Par un long repos de six mois aigris.

Vois le noir aspect de chaque fenêtre ;
Les hommes prudents ont, depuis un mois,
Sachant que l'hiver allait bientôt naître,
Fait provision de coke et de bois.

Oh ! la froide bise ! oh ! le temps morose !
Donne-moi tes mains d'enfant. Le grand air
Fait plus rose encor ton petit nez rose,
Et fouette le sang qui court dans ta chair.

L'an passé, j'avais une chatte blanche
Frileuse à l'excès, qui sur mes genoux
Venait ronronner, lustrant sur ma manche,
Avec un grand soin, ses poils longs et doux.

Chanson d'hiver.

Je retrouve en toi ses poses charmantes,
Sa câlinerie exquise, ses airs
De pencher le cou, ses grâces dormantes,
Tout, jusqu'aux reflets de ses deux yeux pers.

Venez donc plus près, venez donc, Minette,
Que nous admirions ce joli museau
Si frais et surtout, surtout, blondinette,
Ces cheveux captifs sous un fin réseau.

Ainsi que dans l'or l'avare promène
Ses doigts amaigris et crispés, je veux
Tout le jour, et puis toute la semaine,
Promener mes doigts dans tes beaux cheveux ;

Dans tes cheveux blonds plus doux que la soie,
Diadème ambré plus étincelant
Que le clair rayon qui verse la joie
Au pré jaune et vert dans l'aube tremblant.

Laisse gazouiller ta voix enfantine,
Je ne clorai pas d'un rire moqueur
Ta lèvre pareille aux fleurs d'églantine ;
Laisse bavarder ta tête et ton cœur !

Je mourrais d'ennui près d'une savante
Qui parle phébus comme les romans,
Et j'aime bien mieux les mots qu'on invente
Tous les deux, auprès des tisons fumants,

Ces mille propos, ces chères bêtises
Où les cœurs glacés ne comprennent rien,
Et qui défieraient toutes analyses,
Mais où je sais voir que tu m'aimes bien.

Viens, petite, viens plus près, abandonne
Ta main à ma main; faisons plus étroit
L'espace entre nous. — Mais qui donc, mignonne,
Dirait qu'en la rue il fait aussi froid ?

Pelletées de Terre.

Te souvient-il, ô petite adorée,
    De ces beaux serments
Que nous faisions dans la chambre éclairée
    Par tes yeux charmants ?

Ta lèvre, fleur de pourpre épanouie,
    Versait un poison
Qui, distillé sur ma lèvre éblouie,
    Prenait ma raison.

Fous, éperdus en des flots de caresses,
    Nous laissions nos cœurs
Goûter en paix d'ineffables ivresses,
    D'étranges langueurs.

Tes beaux yeux bleus aux suaves lumières,
    Tout irrésolus,
Semblaient s'enfuir sous tes longues paupières;
    Nous ne parlions plus.

Une énervante et vague léthargie
    S'infiltrait en nous,
Je me laissais gagner par sa magie,
    Muet, à genoux.

Nous étions seuls; mes mains entrelacées
    Autour de ton corps,
Seuls, sans désirs, sans espoir, sans pensées:
    On nous eût crus morts.

Tes seins montraient, débordant par secousses,
    Que tu respirais,
Et nous cherchions à nos caresses douces
    Des chemins secrets!

Ces choses-là, n'est-ce pas, sont passées!
    Le temps en est vieux!
Allez-vous-en, espérances lassées,
    Remontez aux cieux!

Stabat Mater.

A Joséphin Soulary.

I.

Près des tombeaux sacrés où dorment les poëtes
  Aux noms toujours vantés,
Dans un calme vallon où meurent les tempêtes
  Et les vents irrités,

Sous l'azur du grand ciel, la Mère douloureuse
  Se lamente sans fin,
Et le flot de ses pleurs intarissables creuse
  Son visage divin.

Oh! si pâle et si triste! Et, des mille blessures
  Qui déchirent son cœur,
Filtre, sans se lasser, sur ses belles chaussures,
  Une rouge liqueur.

Elle songe, pendant cette lente agonie,
  A l'éclat de ces jours
Où le monde naissant adorait l'harmonie
  Et croyait aux amours!

Les sanglots soulevant son sein inaltérable,
  Elle aperçoit alors
La Lyre. « Va, dit-elle, instrument misérable,
  Aux impuissants accords !

Disparais sous le sable et sois réduite en poudre,
  Lyre, objet de mépris,
Toi qui devais couvrir les éclats de la foudre,
  La tourmente et ses cris !

On dit que dans les bois effrayants de la Thrace
  De toi je m'enivrai,
Et que tu sus dompter jusqu'au tigre vorace ;
  Mais non ! ce n'est pas vrai !

Ni le tigre ni l'homme aux appétits de brutes
  N'ont fait trêve un instant
A leur travail impie, et le bruit de leurs luttes,
  Voilà ce qu'on entend.

Peut-être le rocher, peut-être le cytise,
  Et l'onde au clair miroir,
Et la sombre forêt, et la mer, et la brise,
  Ont-ils pu s'émouvoir ?

Mais l'homme qui fait honte à l'inerte matière,
  L'homme n'écoutait pas :
Vois les membres d'Orphée épars sur la bruyère
  Dans l'horreur du trépas !

Et ce n'est pas le seul dont leur haine brutale
Ait lacéré la chair,
Car mon destin sera d'avoir été fatale
A ce qui m'était cher.

Et vous tous dont les cœurs se consumaient sans cesse,
Ainsi que des brasiers,
Poëtes frissonnants d'amour et de tristesse,
O doux suppliciés !

Je vois sous vos lauriers une épine sanglante
Dresser ses dards aigus,
Et tout vous est funeste, et la bête, et la plante,
O mes soldats vaincus !

II

Mais, puisque vous saviez, ô victimes augustes !
Quels seraient vos destins,
Et puisque vous cherchiez les opprobres injustes,
Les outrages certains ;

Que, pour donner l'essor à vos odes captives
Ruisselantes d'amour,
Vous-mêmes présentiez hardiment vos chairs vives
Aux serres du vautour,

Je vous aurais souri pendant la dure angoisse
            Du martyre éternel,
Et j'aurais consolé votre grand cœur que froisse
            Ce vain monde réel ;

Je me fusse dressée étincelante ; ceinte
            D'éclairs, parmi les dieux,
Et tenant dans mes bras la Lyre trois fois sainte
            Aux chants mélodieux !

Mais, ô honte ! la Lyre elle-même est tombée
            Aux mains des insulteurs,
Et vous n'avez rien dit quand on l'a dérobée ;
            O lâches ! faux lutteurs !

Ses cordes qui vibraient sous le vent des louanges,
            Dans les cieux étoilés,
Répètent des refrains honteux qui, dans les fanges,
            Courent démuselés !

Ainsi, dans un combat, le chaste et libre glaive,
            Défense des héros,
Tombe au pouvoir d'un traître, et son travail s'achève
            Dans l'œuvre des bourreaux ! »

III

Mais calmes cependant, pleins d'une ardente joie,
    Levant pensivement
Leurs regards où l'orgueil angélique flamboie
    Comme en un firmament,

Les fils déshérités de la Muse hautaine
    Rêvent à ses genoux,
Pendant que l'astre au ciel et l'eau dans la fontaine
    Tremblent de son courroux.

L'un chante sa maîtresse et dit sa chevelure
    Qui ressemble aux moissons,
Et ses yeux transparents et doux, et son allure
    Auprès des verts buissons.

L'autre, épris des clartés vivantes de l'aurore,
    S'égare par les champs,
Et les bois et la grotte avec l'écho sonore
    S'enivrent de ses chants.

Puis, tous, fondant leurs voix en une seule, disent
    A la fille des Dieux :
« Les loups et les méchants du monde nous méprisent,
    O ma mère, tant mieux !

Stabat Mater.

L'eau pure doit tomber dans un cristal limpide
    Pour rester pure encor,
Et nous ne voulons pas d'une oreille stupide
    Pour nos beaux rhythmes d'or !

L'écho n'est pas muet dans la grotte moussue,
    Qui redira nos vers
A la jeune Dryade, un instant aperçue
    Entre les taillis verts.

La nuit silencieuse et l'étoile pensive
    Nous entendront toujours,
Et la source qui sort de la forêt massive
    Arrêtera son cours...

Pourquoi d'autres témoins, pourquoi d'autres oreilles,
    Alors que nous aurons
La violette avec l'églantine vermeilles
    Et les frais liserons ?

Vous serez avec nous, beaux anges porteurs d'ailes,
    Dans les cieux irisés;
Nous nous connaîtrons mieux, étant peu de fidèles
    Jaloux de tes baisers.

L'un sur l'autre appuyés, malgré les dieux contraires,
    Portant bien haut nos fronts,
Et la main dans la main, comme un peuple de frères,
    Tels nous avancerons.

Ne désespère plus, mère auguste ! sois fière,
Muse au nom surhumain !
Superbe, dresse-toi dans la grande lumière,
Montre-nous le chemin !

Sois comme la Bellone écumante. Secoue
Le glaive flamboyant ;
Va, le soleil aux yeux et portant sur ta joue
Les roses d'Orient.

Comme aux siècles divins d'Orphée et d'Hésiode,
Préside à nos combats ;
Et, si forte que soit ta voix tonnant dans l'Ode,
Nous ne tremblerons pas ! »

IV

Ils parlèrent. Déjà moins sombre et soucieuse,
L'immortelle écouta,
Puis, l'aurore survint illuminant, joyeuse,
La cime de l'Œta.

Des cygnes voyageaient sur l'eau des lacs ; les astres
Rayonnaient dans les cieux,
Et leurs vives lueurs arrosaient les pilastres
D'un temple merveilleux.

Alors, surnaturelle en sa robe étoilée
    Que la brise entr'ouvrit,
La Muse se leva dans les airs, consolée,
    Prit la Lyre et sourit.

Maritorne.

A ÉMILE RENIÉ.

C'est la servante de l'auberge
Qui braille là, tout à côté :
Le soir, un peuple s'y goberge
De fins matois mis en gaîté.

Aux gars qui lui pincent la taille
En descendant les escaliers,
Elle peut bien livrer bataille :
Hier, elle a giflé deux rouliers.

Ah ! dame, elle ne craint personne.
L'un est un gros homme d'Orbec
Dont la bourse en cuir jaune sonne
Un son d'argent, et qui boit sec ;

L'autre est un beau fils dont la blouse
Couvre des épaules de fer
Et que, dans l'endroit, on jalouse
Pour sa mine et pour son bel air.

Elle sait, quand on la demande,
Répondre juste à tous propos.
Ah! c'est une rude Normande,
A l'œil alerte et bien dispos !

Le pied d'aplomb sur la semelle,
Elle tient sa place au soleil,
Allez ! et plus d'une femelle
Envierait un maintien pareil.

Sa joue a des couleurs royales,
Flambantes de belle vigueur;
Elle a des façons joviales
Qui font épanouir le cœur !

Son bras est rouge, sa main forte,
Elle est utile à la maison,
Et mieux qu'un garçon elle porte
Hardiment les grands sacs de son.

Sa poitrine robuste et souple,
Libre de corset et de busc,
A sa large épaule s'accouple;
L'odeur du foin lui sert de musc.

Ses cheveux drus aux mèches noires
Ressemblent aux crins d'un bidet;
Sur elle, ils ont fait des histoires,
Comme si ça les regardait !

C'est une honnête créature,
Qu'on dise ou non ce qu'on voudra !
Elle n'a point eu d'aventure,
Et bientôt on l'épousera.

En dépit des mauvais langages
Que sur son compte on a tenus,
Elle a, de l'argent de ses gages,
Cinq beaux louis, tous bien venus.

Et, quand une fille a son âge,
Du bien qui n'est pas mal acquis,
Elle peut entrer en ménage
Comme la fille d'un marquis !

L'Idiote.

I

Enfant à la démarche lente,
Et pleine de sérénité,
Je t'aime, ô grasse nonchalante,
Je t'aime, idiote beauté !

Tes yeux, foyer dont rien n'attise
La tranquille et froide lueur,
Calmes reflets de ta bêtise,
Me ravissent par leur douceur.

Ta chevelure épaisse et rousse
Écrase ton front, et ton nez,
Quand tu respires, se retrousse
Avec des airs tout étonnés.

Ta gorge lourdement vacille
Sur ta poitrine à tous moments ;
Pourtant, une grâce imbécile
Me charme dans tes mouvements.

Tu m'enivres et tu m'enchantes.
Je crois entendre à ton côté
Mille promesses alléchantes
De bonheur et de volupté.

Sur ta lèvre quand je savoure
Le miel pâteux de tes baisers,
Lorsque ton bras énorme entoure
Mes membres à demi brisés,

Je suis heureux ; et quand bien même
Celle qu'on adore à seize ans
Me viendrait dire qu'elle m'aime,
Je la chasserais, je le sens.

Car nulle, nulle femme au monde,
Nulle déesse dans les cieux,
Ne donne l'ivresse profonde
Qui coule pour moi de tes yeux.

C'est une ivresse bien étrange,
Et dont je demeure interdit,
C'est un vin rempli de mélange
Qui me soûle et qui m'engourdit.

Robuste et large créature,
Malade, j'aime ta santé,
Et mon esprit qui se torture
Se plaît dans ta stupidité!

II

Couche-toi donc, belle machine
Au corps superbe et triomphant!
Courbe devant moi ton échine,
De même qu'un jeune éléphant.

La haine dans mon cœur s'amasse,
Unie à l'amour, quand je vois
S'étaler au soleil ta masse
Sans éclair, sans rayon, sans voix!

Je sens qu'une bête sauvage
Est à mes pieds, que je soumets,
Prête à bondir, ivre de rage,
Si je tournais le front jamais!

Voilà pourquoi, ma tendre amie,
Mes yeux sont entés dans les tiens,
Pourquoi, dans ma main affermie,
Cette baguette que je tiens.

Comme une panthère domptée,
Alors, le regard abattu,
Sous le doigt qui te tient mâtée
Tu viens me dire : — Que veux-tu ?

A ma lèvre qui se dessèche
Donne ta lèvre : j'aime tant
Cette bonne odeur de chair fraîche
Qui sort de ton corps éclatant !

Ta force, jointe à ta mollesse,
Compose un assaisonnement
Vif et bizarre, qui me laisse
Au cœur comme un goût de piment.

Plus d'aspirations perfides,
Plus d'absurdes rêves d'amour
Devant tes épaules solides,
Qui luisent si bien au grand jour !

Belle fille, ô noble litière !
Brute qui frissonnes d'effroi,
Orgueil de la sainte Matière,
Quand m'anéantirai-je en toi ?

Maquillage.

I

J'éprouve à suivre, ma petite,
Tes mouvements capricieux,
Un âcre plaisir qui m'irrite
Et me fait t'aimer encor mieux.

Rien n'est vrai dans ton gaspillage
De frais parfums et de couleurs,
Et tu voles au MAQUILLAGE
Tes charmes les plus querelleurs.

Bien que je devine ta ruse,
Je ne t'en veux pas. Sur ton front,
Malgré la couche de céruse,
Mes baisers nombreux descendront.

La pommade et les aromates
Te donnent l'éclat du métal
Et ces pâleurs vives et mates,
A l'effet bruyant et brutal.

C'est par la poudre que plus rousse
Ta crinière épand ses parfums,
Et c'est le pinceau qui retrousse
Tes sourcils bizarres, si bruns !

Une légère tache d'ombre
Autour de tes yeux vient bleuir,
Afin que ta prunelle sombre
Puisse mieux briller et s'enfuir.

Pas un endroit qui par le plâtre
Sur ta face ne soit atteint,
Et tes lèvres que j'idolâtre,
C'est le vinaigre qui les teint.

Oui, tout est faux en ta personne,
Faux et charmant en même temps,
Bien que dans ton beau corps frissonne
La sève de tes dix-huit ans.

Je t'aime ainsi, c'est mon idée,
Pour ta beauté faite de soins.
Si je te voyais moins fardée,
Sans doute tu me plairais moins.

Qu'importe qu'elle soit factice,
Pourvu que, bien harmonieux,
Son assemblage retentisse,
Chant et lumière pour les yeux !

Elle est pareille à nos ivresses,
Cette beauté qui trompe et ment;
A nos artistiques caresses,
Qui dérobent un bâillement !

II

Ah ! lorsque nous sommes ensemble
A la recherche du plaisir,
A cette heure où la bouche tremble
Et s'empourpre aux feux du désir,

Lorsque nous mettons à sa place,
Pour bien nous abuser encor,
Notre caprice qui se glace,
Ainsi qu'on installe un décor,

Les amants dont l'insouciance
Court par les chemins non frayés
Devant notre froide science
S'arrêteraient tout effrayés.

Notre prudente mise en scène
Épouvanterait ces enfants
Dont la lèvre amoureuse et saine
A des baisers si triomphants.

*Ah ! c'est qu'ils comprennent la vie
D'une autre manière que nous.
N'en rions pas. Je les envie
Souvent, en baisant tes genoux.*

*O mon indolente poupée !
N'en rions pas. Car bien des fois
Ma pauvre âme s'est échappée
De mon corps pour les suivre au bois,*

*Pour les voir effeuiller des roses
Sur leurs fronts confiants et frais,
Pour entendre ces folles choses
Que nous ne nous dirons jamais ;*

*Puis, honteux de mon impuissance,
Près de toi je suis revenu
Demander à la jouissance
Ce qu'elle a de plus inconnu,*

*Et, dans les parfums où se noie
Ton cher corps ivre de langueur,
Chercher le faux semblant de joie
Que je ne veux pas de ton cœur.*

Le Facteur.

A ALCIDE DUSOLIER.

Sur la route gelée et dure,
Où tremble, de chaque côté,
La sombre et farouche verdure
Des sapins au front attristé,

Le vieux facteur marche en silence,
Frappant le sol de son bâton.
Sur son épaule se balance
Le sac aux lettres du canton.

Dans ce grand sac en toile usée
Un curieux découvrirait,
Après l'enveloppe brisée,
Plus d'un mystérieux secret.

Lettres d'amour, lettres de joie,
Messages divins et charmants,
Que l'amante à l'amant envoie
Pleins de tendres embrassements.

Et tout près des rêves de gloire,
Dont un ami s'enivrera,
Est un cachet de cire noire
Qu'une mère en pleurs ouvrira.

Paroles d'espoir attendues,
Hypocrites serments, regrets,
Rires, tristesses éperdues,
Reposent dans ses flancs discrets.

Le bonhomme, de porte en porte
S'avançant, petit à petit,
Les distribue et les colporte
Dans son vieux sac qui s'aplatit.

Puis, la marche un peu plus légère
Qu'elle ne l'était en partant,
Il revient vers la ménagère
Qui, tout là-bas, là-bas, l'attend

Sur la route gelée et dure,
Où tremble, de chaque côté,
La sombre et farouche verdure
Des sapins au front attristé.

Joie d'Avril.

A GEORGES LAFENESTRE.

C'est un jour de printemps qui se lève ! Sais-tu
Qu'aux prés la terre brune a déjà revêtu
Sa belle robe verte et que tout ressuscite ?
Arrière le chagrin ! C'est l'herbe parasite
Gênant l'éclosion des libres fleurs du cœur !
Aimons ! la séve au bois monte ! l'archer vainqueur
Se dresse étincelant et chasse les nuées.
Dans les plaines du ciel méchamment obstruées
Par les brumes, l'azur luit magnifique et beau.
 O Pétrarque ! ô Ronsard ! Sannazar ! ô Bembo !
Des vers ! vite des vers pour célébrer ces choses !
Est-ce demain ou bien aujourd'hui que les roses
Jaillissent des boutons sacrés ? Je ne sais pas.
Mais je sais qu'il est bon de vivre, et qu'on est las
D'avoir lutté pendant trois mois avec la pluie ;
Que le premier rayon m'a fait l'âme éblouie ;
Que l'écorce de l'arbre est pleine de serments,
Et qu'il faut n'avoir pas de cœur, en ces moments,
Pour nier l'espérance et pour nier la joie !
 Le ciel est un railleur et souvent nous envoie

Du brouillard, de la neige, et nous dit : « C'est l'hiver !
Tout est fini pour vous, enfants ! » et prend son air
Le plus rébarbatif, tout en riant sous cape
De la mine que font les marmots qu'il attrape.
Mais quand nous le prenons par trop au sérieux,
Quand nous avons vraiment des larmes dans les yeux,
Il ouvre le boudoir frais où la violette
Achève justement sa première toilette,
Et nous dit, en laissant le bouton d'or briller :
« Donnez donc à ces fleurs le temps de s'habiller ! »
Au bois ! au bois ! tant pis, ma foi, si les fleurettes,
Ne nous attendant pas, ne sont point encor prêtes !
Quand les lilas auraient quelques feuilles de moins,
Beau malheur ! A quoi bon prendre ces petits soins ?

    Les poëtes ne sont pas d'humeur exigeante.
Pourvu que d'un rayon de soleil l'eau s'argente,
C'est bien ! et l'horizon en fête resplendit.
Puis, le printemps est né ! Le moineau me l'a dit
En battant, ce matin, de l'aile à ma fenêtre.
Ah ! comme dans les champs nous allons reconnaître,
Mille bons vieux amis dont le salut chantant
Réveille l'herbe au bois et les joncs dans l'étang !

    Pour moi, je veux aller tout seul dans la campagne,
Car je sens que déjà le vertige me gagne.
J'ai besoin de grimper aux arbres, de courir,
De voir joyeusement près de moi tout fleurir !
La présence d'un être animé me torture ;
Un amour bestial me vient pour la nature
Et je veux être seul, tout seul dans la forêt !

Car dans la source, où mon image m'apparaît,
Je vois que je deviens faune, que mes oreilles
Se terminent en pointe, et deux cornes, pareilles
Aux cornes d'un chevreau, se dressent sur mon front!
C'est pour moi que les fruits sauvages mûriront
Désormais, et voici que, par les échappées
Lumineuses du bois, les riantes Napées
M'agacent en fuyant sous les chênes branchus,
Et je danse dans l'herbe avec des pieds fourchus!

Voici le Soir.

Voici le soir : pareils au clair de lune,
Tes yeux charmants rêvent sous tes cils longs ;
L'air est léger ; si tu veux, nous allons
Dormir au bord de la mer, sur la dune.

Un chant s'élève entendu par mon cœur,
Un chant d'amour exhalé par ton âme,
Triste et bien doux, vers le ciel tout en flamme
Qui semble prêt à mourir de langueur.

La mer est là. Ses vagues argentées
Causent tout bas, tendrement, comme nous,
Et moi, je tiens, assis à tes genoux,
Dans mes deux mains tes deux mains abritées.

*Ne parlons plus, ne songeons plus, laissons
Le temps passer et briller chaque étoile ;
Le vent est frais ce soir, baisse ton voile,
Je sens courir sur ton sein des frissons.*

Méduse.

*Vos cheveux, épanchant leurs ondes magnifiques,
Baignent languissamment votre épaule et vos seins,
Et votre corps, plus blanc que les lis séraphiques,
Repose calme et fier sur les soyeux coussins.*

*Le souffle harmonieux de vos lèvres hautaines
Seul trahit l'existence en vous, et je croirais
Que le ciseau savant des enchanteurs d'Athènes
Dans un marbre sans tache a sculpté vos attraits,*

*Sans l'ondulation à peine perceptible
Que cette fraîche haleine imprime à votre corps.
O morbidesse exquise ! ô charme irrésistible !
De l'immobilité mystérieux accords !*

*Moi, j'ai placé l'amour de mon cœur et ma joie
Dans le spectacle auguste et saint de la splendeur
Des formes où la ligne altière se déploie,
Dans sa force, dans son calme, dans sa grandeur.*

*Et j'ai pâli souvent devant le front superbe
D'un vieux marbre doré par les feux de l'été,
Devant un torse aussi dont les mousses et l'herbe
Voilaient aux curieux la blanche austérité.*

*Mon âme, trop longtemps dans ce monde captive,
Fuyait vers le pays où chante le Mélès,
Parmi les oliviers, près de la mer plaintive,
Respirant l'air qu'avait respiré Périclès.*

*Rêve de marbre! ô songe éblouissant! poème
De grâce inaltérable et de grave beauté!
Tout ce qui me fait vivre heureux, tout ce que j'aime,
La grande pourpre et l'or par elle reflété!*

*C'est là tout ce qu'en vous je trouve, ô créature
Impérieuse et noble! aux gestes nonchalants,
Moins femme que statue, ô vous sur la nature
Posant avec froideur vos pieds souples et blancs!*

*Car je hais à la mort ces amours turbulentes,
Pleines de cris, de pleurs et de lâches effrois,
Qui germent sur le cœur, pareilles à ces plantes
Qui des rochers marins salissent les parois.*

*Leurs vains bruits troubleraient la sage symétrie
Du rêve harmonieux où tout est ordonné,
Du rêve dont j'ai fait la seconde patrie
Plus chère mille fois que celle où je suis né.*

Vos yeux toujours baignés de hautaines lumières
Ne s'abaisseront pas sur moi; je sais aussi
Qu'on ne verra jamais sur ses bases altières
Votre inflexible orgueil par mes chants adouci.

Que m'importe cela, pourvu que je vous voie !
Artiste, tout me doit laisser insoucieux;
Le rhythme est mon désir, la cadence est ma joie,
Et je ne sus aimer jamais que par les yeux;

Et je veux que mon cœur lui-même se durcisse
A l'éternel contact des pierres, pour, plus tard,
Promenant le ciseau sur son bloc ferme et lisse,
Rectifier sa forme, ouvrage du hasard.

Les Petites Amoureuses.

Est-ce vous que j'aimai la première, Lucile,
Lorsque j'eus mes quinze ans ? est-ce vous, indocile
Écolière, toujours courant par les buissons ?
Ne serait-ce point vous, Laurette ? Vos chansons
Étaient d'un rossignol qui chante sous la nue,
Et nous admirions tous votre grâce ingénue.
Mais Suzanne était blonde, et Suzanne pouvait
Dire aux pêches : « Voyez si votre fin duvet

Vaut l'ambre qui tressaille aux deux coins de mes lèvres! »
Enfantines amours, rougeurs, premières fièvres,
Qui me fit vous connaître, et qui me fit chercher
L'ombre et les petits coins du bois pour m'y cacher?

Lucile allait souvent visiter sa nourrice
Et s'y rendait par un sentier plein de caprice,
Ombreux, baigné parfois de lumière. J'allais
Avec elle, prenant son bras quand je voulais.
Je mettais en jouant mon doigt dans les fossettes
De sa joue, et cueillais pour elle des noisettes ;
Nous causions bruyamment en chemin. Sans savoir
Pourquoi, je regardais Laurette à son miroir.
C'est qu'elle était charmante ; et j'allais derrière elle
Doucement, l'appelant coquette. Une querelle
Entre nous s'engageait alors. Elle disait
Que j'étais un taquin et qu'un homme ne sait
Qu'être méchant toujours ; elle faisait la dame.
Suzanne, près de toi je tremblais, ô jeune âme !
On m'avait défendu de te suivre au jardin ;
Pourtant nous y courions tous deux chaque matin.

Laquelle de vous trois la première ai-je aimée,
Blanches filles, essaim joyeux, divin camée
Où, purs et souriants, se groupent trois profils
D'enfants aux longs regards humides sous les cils ?
Laquelle de vous trois, ô Suzanne ! ô Laurette !
Lucile ! m'enivra de cette amour secrète
Qui ne reviendra plus faire battre mon cœur ?
Laquelle m'a versé cette chère liqueur
Que je n'oserais plus approcher de ma bouche,

Maintenant qu'agité par un désir farouche,
Près de celles qui m'ont fait ramper à genoux,
J'ai proféré l'aveu contenu devant vous ?

Les Rêves.

A ARTHUR BAUTIER.

J'ai rêvé la douceur des joyeuses caresses
Près de la femme aimée, au grand cœur, aux beaux yeux :
Les femmes, secouant les trésors de leurs tresses,
A mon noir abandon m'ont livré soucieux.

J'ai désiré la gloire. O haines vengeresses !
La gloire, dont j'aimais le spectre radieux,
A détourné de moi son bruit et ses ivresses
Et ne m'a rien fait voir que dédains oublieux.

J'ai voulu la richesse éclatante. La folle
Avait depuis longtemps choisi d'autres élus,
Et ne m'a pas donné seulement une obole :

Eh bien, éteignez-vous, ô désirs superflus !
Mais toi, qui seul as pu survivre à la tempête,
Dans mon cœur douloureux, Orgueil, lève la tête !

Les Jouets.

Pour l'avoir rencontrée un matin, je l'aimai,
Au temps où tout nous dit les gaîtés naturelles,
Quand les arbres sont verts, lorsque les tourterelles
Gémissent de tendresse au clair soleil de mai.

Nos âmes échangeaient de longs baisers entre elles,
Tout riait près de nous, et, dans l'air parfumé,
On entendait des bruits d'amoureuses querelles.
Mon cœur, alors ouvert, depuis s'est refermé.

Et ne me demandez jamais pour quelle cause
Vers un autre côté la fille svelte et rose
A détourné ses yeux doux comme les bluets;

Car, pour ne pas laisser leurs mains inoccupées,
Les enfants, sans pitié, brisent leurs vieux jouets
Et retirent le son du ventre des poupées!

Le Donec gratus...
De la rue Monsieur-le-Prince.

I

Je me souviens d'une époque
Où nous nous aimions au mieux ;
Chaque fois que je l'évoque,
Des pleurs me viennent aux yeux.

Nous dépensions à main pleine
Nos trésors inépuisés ;
Ton souffle était mon haleine,
Je vivais dans tes baisers.

Tes propos d'écervelée
Se mêlaient à mes chansons,
Et nous donnions leur volée
Aux rires, de cent façons.

Avec des airs de princesse
Tu m'arrêtais quelquefois,
Et moi, j'admirais sans cesse
L'ongle rosé de tes doigts.

II

Un jour, une cabotine
Laissa, comme je passais,
L'empreinte de sa bottine
Sur le sable, et, tu le sais,

Toi dont toujours les pieds roses
Ont frémi sous mes baisers,
J'adore, entre toutes choses,
Les petits pieds bien chaussés.

Un jeune clerc de notaire
Vint, cravate blanche au cou.
La cravate et son mystère
Ont failli me rendre fou !

Tu suivis le beau légiste,
Moi, Dorine au fin corset :
L'Amour était l'aubergiste
Chez qui le vent nous poussait.

III

Comme par un jour de pluie,
Voilà que, seul à présent,
Je bâille et que je m'ennuie,
Malade, le front pesant.

Dona Sol s'est égarée
Au bras de je ne sais qui;
On croit l'avoir rencontrée,
L'autre soir, chez Markowski.

Ton amant et ses cravates
N'ont pas duré le printemps;
A l'ennui vous arrivâtes,
Comme nous, en peu d'instants.

C'est là toute notre histoire,
Lugubre jusqu'à la mort,
Et qui chanterait victoire
Aurait vraiment bien grand tort.

IV

Ainsi que moi, tu regrettes
La saison des jours heureux
Où nous portions des aigrettes
Sur nos deux fronts d'amoureux.

Quand ta gorge bien-aimée
Palpitait contre mon sein,
J'aimais ta lèvre pâmée,
Pareille au sang du raisin.

*Ta chevelure soyeuse
Se déroulait doucement;
Tu m'enveloppais, joyeuse,
Dans cet or pur et charmant.*

V

*Pourquoi remonter les fleuves
Qu'hier on a descendus ?
Pourquoi fuir les routes neuves
Pour tant de sentiers perdus ?*

*C'est que le fleuve aux eaux vives
Avait de charmants îlots,
Des îlots aux vertes rives,
Endormis dans le repos.*

*Dans les sentiers de la veille,
Abandonnés aujourd'hui,
Un frais souvenir s'éveille
Du bonheur qui nous a lui.*

VI

*Si nous nous aimions encore,
Si nous revenions au nid
Où nous chantions, dès l'aurore,
Des refrains à l'infini ?...*

Si ta paresseuse tête
Me renvoyait ces parfums
Qui mettaient mon âme en fête
En ce temps des jours défunts ?

Si ta lèvre, peu farouche,
Qui s'enivre de langueur,
Cherchait encor sur ma bouche
L'ombreux chemin de mon cœur ?...

VII

Veux-tu nous aimer, Lydie ?
J'ai congédié Chloé :
Hélas de la comédie
Le dernier acte est joué.

Léandres et Sganarelles
Chez eux s'en vont souper tous ;
On a soufflé les chandelles ;
Tout est dit : retirons-nous.

Que de son côté, Mignonne,
Chacun s'en aille en rêvant.
La pièce est courte mais bonne,
Nous y penserons souvent.

Invitation.

Votre robe, madame, a des airs de tunique ;
Il fera beau, ce soir, sous les grands marronniers.
(Vous le rappelez-vous, ce billet ironique ?)
Ce soir, si par hasard vous vous y promeniez,
Il ferait beau, ce soir, sous les grands marronniers.

Les déesses du parc ainsi que vous sont blanches ;
Il fera beau, ce soir, sous les grands marronniers.
L'Étoile du berger brille à travers les branches,
Et le vent se fait doux comme aux jours printaniers :
Il fera beau, ce soir, sous les grands marronniers.

La lune a la pâleur bleuâtre des agates ;
Il fera beau, ce soir, sous les grands marronniers.
J'admire les doigts fins de vos mains délicates ;
Si dans mes doigts tremblants vous les abandonniez,
Il ferait beau, ce soir, sous les grands marronniers.

Lorsque nous parcourrons leurs vertes colonnades,
Il fera beau, ce soir, sous les grands marronniers.
La nuit est favorable aux longues promenades,
Et nous évoquerons l'amour, que vous niez...
Il fera beau, ce soir, sous les grands marronniers !

Soirs d'Hiver.

A ÉTIENNE CARJAT.

*Lentes, lourdes et solennelles,
Les heures tintent sourdement.
J'entends chanter les ritournelles
D'un très-vieux air triste et charmant.*

*Les yeux demi-fermés, j'évoque
Mille visions d'autrefois ;
Pleines d'une grâce équivoque,
Elles se lèvent, je les vois :*

*Fantômes aux robes traînantes,
Spectres de spectres, à cheval
Sur d'impossibles Rossinantes,
Mélancolique carnaval !*

*Celles dont les doigts étaient roses
Jadis, et maintenant sont verts,
Laissent fuir de leurs lèvres closes
Les rimes de mes anciens vers !*

Dans une tranquille paresse,
Je laisse chaque ombre venir,
Et je savoure la caresse
Énervante du souvenir.

Si j'appelle ces formes vaines
Que le passé tient au cachot,
Est-ce à dire que dans mes veines
Le sang soit moins vif et moins chaud ?

Non ! L'enfant qui fit, la première,
Naître mes désirs rougissants,
Éblouit encor la lumière
Du rire de ses vingt-deux ans.

Elle est jeune. Sa chevelure
Puissante à la nuque se tord ;
Son baiser, comme une brûlure,
Est prompt, vivace, ardent et fort.

Mais l'hiver aux blanches féeries
Défend la rue aux gens frileux ;
J'attends la saison des prairies
Vertes sous des cieux enfin bleus.

Et, cependant que bout la sève
En retombant sur les chenets,
Je laisse envahir par le rêve
Mon âme inerte, et je renais.

Promenades d'Hiver.

A ALBÉRIC SECOND.

Dimanche : le soleil, dont les pâles rayons
Nous font renaître encor lorsque nous les voyons,
Luit dans le brouillard froid et gris ; les cheminées
Se dressent sur les toits, noires, chaperonnées
De tôle ; sur la place, écoutant les accords
D'un orchestre guerrier, leurs beaux habits dehors,
Mille bourgeois joyeux flânent avec leurs femmes,
Dont les vastes chapeaux ont des couleurs infâmes,
Mais qui font cependant plaisir à voir. On sent
Passer je ne sais quoi de gai, de caressant,
Dans l'air vif de décembre ébranlé par les cloches :
Tout grouille, tout babille, et, les mains dans les poches,
Moi, je suis doucement les filles aux yeux doux,
A qui le rire met de jolis petits trous
Au visage, et qui vont, alertes et discrètes,
Cueillir furtivement la fleur des amourettes.

Maigre Vertu.

A Amédée Rolland.

Elle a dix-huit ans et pas de poitrine,
Sa robe est très-close et monte au menton,
Rien n'en a gonflé la chaste lustrine,
Elle est droite ainsi qu'on rêve un bâton.

Son épaule maigre a des courbes folles
Qui feraient l'orgueil des angles brisés ;
Ses dents, en fureur dans leurs alvéoles,
Semblent dire : Arrière !... au chœur des baisers.

Ses yeux sont gris trouble, et des sourcils rares
Ombrent tristement un front bas et plat
Qu'oppriment encor des bandeaux bizarres
De petits cheveux châtains sans éclat.

Heureux qui fera tomber les ceintures
De cette angélique enfant! O trésor,
Qui fait des sirops et des confitures
Telles que jamais on n'en fit encor !

*Ça n'a pas de cœur! — La moindre fadaise
La fait aussitôt rougir jusqu'aux yeux,
Et de sa figure atone et niaise
Rien n'a déridé l'aspect soucieux.*

*Sa mère en est fière et se voit revivre
Dans ce mannequin rebutant et sec,
Dans ce long profil aux reflets de cuivre
Fait pour maintenir l'Amour en échec.*

*Et ça doit pourtant se changer en femme!
J'ignore au moyen de quel talisman;
Mais on chantera son épithalame,
Un baby rosé lui dira: « Maman! »*

*Qui donc remplira ce devoir austère ?
Ne cherchons pas loin. Dieu, dans sa bonté,
A créé pour elle un jeune notaire,
Homme sérieux, de blanc cravaté,*

*Et tous deux feront d'autres jeunes filles
Aux regards sans flamme, aux coudes pointus,
Pour qu'on voie encore au sein des familles
Fleurir le rosier des maigres vertus.*

Menneval.

A Sainte-Beuve.

Pas de neige encor; pourtant c'est l'hiver,
La colline, au loin, se découpe nue
Sur un ciel épais, couleur gris de fer,
Où, frileuse, passe une maigre nue.

Une feuille jaune apparaît dans l'air
Comme un papillon de forme inconnue,
Les pas, sur le sol, rendent un son clair
Qui fait tressaillir la noire avenue.

L'église, plus loin, montre son clocher
Où tourne en grinçant un vieux coq de fonte
Qu'un vent un peu fort pourrait décrocher.

C'est par le sentier rocailleux qui monte
Au pauvre clocher penchant, qu'autrefois
Nous allions cueillir les fraises des bois.

A la Vallée du Denacre.

O Denacre, ô vallée où les senteurs divines
Errent avec amour sous les feuilles; ravines,
Enclos mystérieux, retraites, escaliers
De verdure; massifs où chantent par milliers
Les oiseaux vagabonds qui t'emplissent de joie,
Salut, vallée heureuse! Oh! laisse, que je noie
Mon âme dans ton calme et ton silence aimés;
Arrondis sur mon front tes dômes parfumés!
Je veux dire à tes fleurs et dire à tes fontaines,
A tes mousses, à tes frondaisons incertaines,
Je veux dire combien tu m'es chère, oasis
Où se plairait Climène auprès de son Tircis,
Terre qu'un souvenir pour mon âme consacre,
Tempé jeune et charmante, ô vallée, ô Denacre!
N'as-tu pas abrité cet amour vite éclos
Qui doit vivre ignorant des pleurs et des sanglots,
Cet amour doux et fier qui me prit au passage,
A qui ta brise amie a servi de message,
Et que depuis je porte, et que je garderai
Ainsi qu'il est venu dans mon cœur éclairé,
Par un matin de juin, au chant des sources pures,
Sous tes feuillages verts, pareils à des guipures!
Nous nous sommes assis tout auprès du moulin,

—Un enfant qui passait sourit d'un air malin —
Nous nous sommes assis, tous deux l'âme contente.
Sa lèvre, ce doux fruit dont la saveur me tente,
S'entr'ouvrait fraîche et rose et laissait voir ses dents.
S'il m'eût fallu compter les jasmins abondants,
Les lis émerveillés qui forment son visage
Si calme et si charmant que tout le paysage
Lui-même en paraissait plus calme et plus charmant,
Rien n'eût pu mettre un terme à mon ravissement !

Je vous baisais, grands yeux de ma jeune maîtresse,
Et je baisais aussi l'or fauve de sa tresse
Qui, sous le réseau fin et souple d'un filet,
Enflammait les blancheurs d'un col semblable au lait.
Car, sachez-le de moi, cette maîtresse est blonde,
Et son front, sous le flot de cheveux qui l'inonde,
Brille comme un glacier au lever du soleil.

Or, pendant que mon cœur, ivre de son réveil,
Saluait cette enfant qui le faisait renaître,
Mon amour d'autrefois est venu m'apparaître,
Et les anciens baisers, et les serments anciens,
Et mes rêves chéris qui se mêlaient aux siens,
Et les choses d'un jour qu'on disait éternelles,
Ont paru tout à coup, muettes sentinelles,
Contemplant cet amour auquel nul ne songeait,
Et qu'un peu de soleil faisait sortir d'un jet
Dans mon noir abandon et dans ma solitude !
Ah ! je ne dirai pas l'affreuse inquiétude
Qui me saisit alors ! Seulement, j'ai pleuré
Près de la jeune femme au regard assuré,

Et devant vous, bois verts, et devant toi, Nature,
J'ai serré dans mes bras la chère créature!
Elle n'a pas compris mon angoisse, et ses mains,
Roses d'avoir cueilli les roses des chemins,
Ont essuyé mes yeux, et son rire sonore,
Auprès du gai moulin, dans l'air frémit encore.
    O tranquille vallée, innombrables sentiers
Où se mêle aux sureaux la fleur des églantiers;
Gazons tout étoilés, rivières transparentes,
O vagabonds oiseaux, ô familles errantes,
Je reviendrai souvent me perdre parmi vous;
Que le destin me soit farouche ou me soit doux,
Que j'aime et que je souffre, ou que la joie emplisse
Mon cœur d'un ineffable et suave délice,
Je reviendrai souvent, loin des regards jaloux,
Sources, coteaux et bois, me perdre parmi vous!

Adieu.

Sur la route mal engageante
Où me conduit un dieu jaloux,
Je penserai souvent à vous,
La gracieuse et l'indulgente.

Adieu.

Vous avez le sourire ami
Qui ressuscite l'espérance;
Dans vos yeux pleins de transparence
Un clair rayon s'est endormi.

Je reverrai, vive et riante
Sous la masse des cheveux bruns,
Heureuse au milieu des parfums,
Votre jeune tête attrayante,

Regrettant dans ces fins cheveux,
Trame légère qui s'enroule
Près d'une oreille faite au moule,
Le frais éclat des rubans bleus.

Car, ô figure séduisante!
Visage où joue un rire clair,
Déchirant comme un rose éclair
La lèvre fière et frémissante!

Sans que vous-même l'ayez su,
Vous fûtes ma consolatrice,
Et je vous dois la cicatrice
D'un coup d'amour au cœur reçu.

Votre souvenir, que j'emporte,
Ramènera pour bien longtemps
La troupe des espoirs chantants,
L'ange de la croyance morte.

Adieu donc! je pars. Le chemin
Morne et lugubre se déploie;
Le vent d'hiver chasse la joie,
La tristesse m'attend demain.

Mais pourtant, mon âme inquiète
Sourira lorsque doucement
Viendra le fantôme charmant
De mademoiselle Henriette.

Le Départ.

A Joseph Kuntz.

Espoirs! ruines écroulées!
Le bonheur avare s'enfuit.
Voici ses heures désolées
Qui tintent dans la grande nuit.

Le vieux château sur les ténèbres
Détache son bloc sombre et dur.
Un nid rempli d'oiseaux funèbres
Hurle dans les fentes du mur.

Le départ.

Dans la solitude qui pleure,
Nul écho de rire ou de chants ;
Mais sur le seuil de la demeure
Les sphinx ouvrent leurs yeux méchants,

Et, dans cette ruine immense
Qui penche sur ses noirs piliers,
Le Deuil austère et la Démence
Passent, l'un à l'autre liés.

Salut, ô mes vieux camarades !
C'est vous dont la voix m'appelait
Dans ces menteuses mascarades
Où l'éclat de rire râlait !

Voilà qu'il faut se mettre en route,
Aujourd'hui plutôt que demain.
Soit ! Nous emmènerons le Doute
Pour nous divertir en chemin.

Certes, la voie est bien déserte,
Le chemin n'est pas des plus gais :
Pas un seul brin de mousse verte
Propice à nos pas fatigués !

Il faut avancer dans la boue
Lentement et péniblement ;
L'averse en passant nous bafoue,
L'hiver nous raille méchamment.

Même notre bâton se casse,
Et nos vêtements en lambeaux
Semblent montrer notre carcasse
Au bec sinistre des corbeaux.

Là, pas d'auberge bienveillante,
Balançant sa branche de houx.
O ma pauvre âme ! sois vaillante,
Car le sort est cruel pour nous !

A chaque ascension perdue
Vers le bonheur, nous retombons
Brisés sur cette route ardue,
Vouée au pas des vagabonds !

Il faut marcher, souffrir sans trêve,
Épuiser l'amère liqueur ;
L'amour même nous est un glaive
Qui se rompra dans notre cœur ;

Et les yeux de la bien-aimée,
Pour d'autres bons et consolants,
De ta blessure mal fermée
Feront jaillir des pleurs sanglants.

Évite tout ce que l'on aime ;
Fuis jusqu'à la fleur, reste seul,
Et, dans ton navrement suprême,
Drape-toi comme en un linceul.

Va sans répit, ô misérable !
Par les ennuis du Sahara.
Ta plaie est la plaie incurable
Que nul baume ne guérira.

Enivre-toi de la souffrance
Comme d'autres des printemps verts :
Le cadavre de l'Espérance
Derrière toi se mange aux vers.

Et voici la bonne Folie
Ouvrant sa porte à deux battants,
Afin que ta douleur oublie
Et s'endorme quelques instants !

La Blessure de l'Orgueil.

Comme un autre dans sa joie,
Je marche dans ma douleur,
Cueillant au gré de la voie
L'ortie aiguë ou la fleur.

Ce qui féconde ou qui tue
Fait sur ma tranquillité
Ce que sur une statue
Produit l'hiver ou l'été.

Tel l'arbre garde sa force,
Malgré les coups de couteau
Labourant sa rude écorce
Transformée en écriteau,

Et des passions vivaces
A qui chaque heure de deuil
Ouvrait de larges crevasses,
Il ne reste que l'Orgueil.

L'Orgueil, le roi solitaire
Qui, dans l'ombre de mon cœur,
Traite de haut le mystère,
Sans avouer le vainqueur !

Il règne, être tyrannique,
Sans courtisans, à l'écart,
Et mon sang, pourpre ironique,
Teint son manteau de brocart !

Mais cependant un reptile
Aux clairs yeux de diamant
Par une pente subtile
Glisse vers lui lentement.

La Blessure de l'Orgueil.

Comme un long filet de glace,
Il se traîne sur le corps,
Et solidement l'enlace
De ses nœuds souples et forts.

Lâche Orgueil! crie, et pressure
La plaie ouverte à ton flanc.
Sens-tu la froide morsure ?
Sens-tu la lèvre de sang ?

O guerrier invulnérable,
Où donc est ta force, dis ?
Laisse donc, ô misérable !
Jaillir tes sanglots maudits !

Cette vipère assassine,
Qui jusqu'à toi s'est fait jour,
Et dont l'œil froid te fascine,
Imbécile ! c'est l'Amour !

C'est la dernière misère
Que tu pouvais redouter,
La blessure nécessaire
Pour te faire sangloter ;

La meurtrissure au cadavre
Ressuscité tout exprès,
Et tiré, pour qu'on le navre,
De son trou sous les cyprès !

C'est le soufflet sur la joue
Au condamné frémissant,
Le dernier coup sur la roue
Achevant l'agonisant.

Va, maintenant ! Fuis et passe !
Le tourmenteur enchanté
Qui t'a fait demander grâce
Est sûr de ta lâcheté.

Et si tu faisais parade
De ta résignation,
Il te crierait : « Camarade,
Un peu moins d'ambition ! »

Puis, t'arrachant de l'épaule
Le vêtement imposteur,
Il découvrirait, vieux drôle !
Les ulcères de ton cœur !

Le Vagabond.

A Auguste Vacquerie.

« *Laissez-moi ! disait-il. Ma triste et vague étoile*
Ne veut plus indiquer de chemin à mes pas.
Sur mon front le soleil s'obscurcit et se voile :
Je veux partir. Adieu ! ne me retenez pas.

Laissez-moi promener ma pensive indolence
Par les sentiers déserts, loin du bruit, loin des chants,
Loin de ce monde vain où l'on hait le silence,
Et qui m'a prodigué ses baisers desséchants.

A ma grande tristesse il faut la solitude,
Les sombres voluptés du calme et de la nuit ;
De ma propre douleur je veux faire l'étude,
Et contraindre à m'aimer le démon qui me nuit.

Je marcherai, pareil aux proscrits volontaires
Que tourmente un désir renaissant et cruel,
Et qui, blessant leurs pieds à parcourir les terres,
N'ont rencontré jamais un abri sous le ciel !

Oh ! l'espace est si grand, si vaste est l'étendue,
Qu'étourdi par la course, il faudra bien qu'un jour
Je te retrouve enfin, tranquillité perdue
De mon cœur qu'ont lassé les rêves de l'amour ! »

En vain auprès de lui perfides et charmantes,
Mariant tendrement leurs voix aux timbres d'or,
La Joie aux yeux divins, la Gloire, les amantes
Aux fiers refus, semblaient lui dire : « Espère encor ! »

Et ceux qui, s'éprenant de sa mélancolie,
Avaient donné le gîte à ce bohémien,
Et, remettant la foi dans son âme avilie,
Avaient dit : « Nous serons ton guide et ton soutien, »

En vain aussi ceux-là le retenaient. Plus pâle,
Il reprenait : « Adieu ! pour le combat tenté
Je n'ai pas, mes amis, un courage assez mâle ;
Accusez, s'il le faut, ma triste lâcheté.

Mais à quoi bon la lutte, à quoi bon la victoire,
En ce temps où les yeux se détournent de nous,
Où nul écho lointain ne redira l'histoire
Des vaincus énervés, des vainqueurs forts et doux ?

Quand, même les haillons de la Muse sacrée,
Dont le poëte encor pouvait s'enorgueillir,
Ne sont plus maintenant qu'une sale livrée
Dont mille nains bouffons se parent à plaisir.

Ah ! j'aurais pu braver le mépris et l'insulte !
Mais du jour où j'ai vu se glisser dans nos rangs,
Parodiant nos vers, profanant notre culte,
Tout le blême troupeau des gauches ignorants,

Des pleurs me sont venus, et j'ai dit : Grande Lyre !
O la joie et l'orgueil de mes désirs pieux,
Je ne te ferai plus vibrer ; je me retire,
Puisque des histrions ont tutoyé les Dieux.

Et c'est par mon exil, et c'est par mon silence
Que je veux t'honorer désormais. Je vivrai
Loin des temples impurs où la foule t'offense,
Et l'on ne saura pas combien je t'adorai.

J'aime mieux, reprenant ma vie errante et sombre,
M'en aller, ignoré, traîner mon désespoir
Sur la route sans fin, et dans le ciel plein d'ombre
Vers qui je lèverai les yeux, t'apercevoir.

Et là, mêlée au chant des sources et des branches,
Au chœur harmonieux des oiseaux sans effroi,
Je laisserai monter mon hymne aux ailes blanches
Vers toi, Lyre immortelle aux beaux accents ! vers toi ! »

L'Aiguillon.

A ARMAND GOUZIEN.

Souvent, las de souffrir, triste, et la mort dans l'âme,
Le poëte renonce à finir son chemin.
Tout est sombre ; l'hiver a fait le ciel sans flamme ;
Son bâton de voyage échappe de sa main.

Sur un morceau de roc, il s'assied. Une pie
Saute à côté de lui dans le champ nu. Là-bas,
Une louve attentive et famélique épie
L'heure où le désespoir va le jeter à bas.

Il a plu dans la nuit et la terre est glissante.
Le vent chargé de haine, avec de sourds frissons,
Siffle d'une façon lugubre et menaçante,
Et rien n'annonce encor les futures moissons.

Dans le brouillard épais et froid où son œil plonge,
Il voit se dessiner les spectres grimaçants
De ce qui fut sa joie aux heures de mensonge
Dont le timbre a, jadis, fait éveiller nos sens.

L'Aiguillon.

L'amour à double face, en agitant ses ailes,
Lui redit les serments oubliés, les aveux
Tendres qui le faisaient prendre en pitié par celles
Dont sa main caressait doucement les cheveux.

Il lui fait voir comment, après chaque rencontre,
Il est revenu blême, en pleurs, le front pâli,
Et la Gloire, fantôme ironique, lui montre
Ses vers avec dédain voués au noir oubli.

Il tourne son regard suppliant vers la Muse,
La compagne, du moins, de ses mauvais destins;
Mais la Muse elle-même est dure, et se refuse
A courir avec lui les sentiers incertains.

Morne alors, et sentant une sourde épouvante
L'envahir et figer dans ses veines le sang,
Navré, seul, au milieu de la brume mouvante,
Le poëte anxieux s'écrie en gémissant:

« Dieux bons! est-ce la mort à la fin qui m'arrive?
Mes bras ne peuvent plus jusqu'à vous s'élever;
Comme un vaisseau perdu, je vais à la dérive,
Et je ne sais plus vivre et ne sais plus rêver!

Quel était donc mon but, ô malheureuse vie
Que je traîne depuis si longtemps avec moi,
Et comment se nommait la chimère suivie
Parmi la solitude inféconde et l'effroi?

Crédule, au vert avril de ma fraîche jeunesse,
Je suis parti chantant. Je disais aux sillons:
« Ouvrez-vous et soyez peuplés! Que tout renaisse! »
La pourpre fascinait mes yeux sous mes haillons.

Sans croire à la douleur que l'avenir nous garde,
J'avançais, libre, heureux, confiant; mais voici
Que j'ai pris la pâleur de la lune blafarde,
Que le souffle cruel de l'hiver m'a transi.

Et je marche à présent au hasard, loin des villes,
Triste objet de mépris pour le dernier passant.
J'ai mendié l'amour des femmes les plus viles,
De celles qu'on ne peut nommer qu'en frémissant!

Je leur parlais ainsi qu'à la vierge attendue,
Je leur disais des mots doux comme les baisers
De l'étoile du soir à la rose éperdue,
Auréolant d'amour tous ces fronts écrasés.

Je mettais sous leurs pieds, ainsi qu'un chien docile,
Ma fierté, mon courage, et tout entier mon cœur;
Mais elles, repoussant mon amour imbécile,
Fuyaient en me jetant un long rire moqueur!

Et voilà maintenant que la Muse elle-même,
Mon vivace et dernier espoir, pour qui je fus
Errant et misérable, ô défaite suprême!
Récompense les maux soufferts par ses refus.

*Ainsi, je me trompais, à l'aube de la vie,
Alors que dans mes bras d'enfant je te pressais,
O Lyre redoutable et grande, ô mon envie!
J'étais un impuissant, rien de plus. Je le sais.*

*Ah! puisque l'horizon devant tes pas recule,
Puisque tu n'as plus rien au cœur et dans le front,
Roule donc au fossé, fou lâche et ridicule,
Cadavre dont les loups, demain, se gorgeront!* »

*Mais, pendant que déjà le sombre suicide
L'enlace dans ses bras, il se redresse, fier,
Portant dans son esprit et dans son œil lucide
L'ardente volonté plus ferme que le fer.*

*Le sang abonde frais et puissant à ses tempes,
Son cœur ressuscité dans sa poitrine bat,
Et, pareil aux guerriers des anciennes estampes,
Il semble provoquer les Destins au combat.*

*C'est que, pendant qu'en proie à ses pensers funèbres
Il se laissait gagner par l'impure langueur,
Un envieux a ri dans les froides ténèbres
Et bavé sur les pieds de la Muse au grand cœur.*

*L'outrage a raffermi son âme chancelante,
Les découragements, dans un noir tourbillon,
Passent épouvantés, et l'insulte brûlante
L'a fait bondir ainsi qu'un divin aiguillon.*

Que le ciel, à présent, déchaîne la tempête,
Et que la trahison, dans un sauvage effort,
Rampe à ses pieds, qu'il ait la foudre sur sa tête,
Qu'importe? Il peut lutter sans terreur. Il est fort!

Car si nous faiblissons, et si la défaillance
Arrache de nos mains le luth mélodieux,
Nous retrouvons soudain l'audace et la vaillance
Devant un ennemi qu'ont envoyé les Dieux.

Et quand nous entendons l'heure crépusculaire
Tinter lugubrement comme un appel au deuil,
Mieux qu'un sourire ami, c'est toi, sainte colère,
Qui nous remets au front la couronne d'orgueil!

Ariane.

Victime au cœur blessé par les flèches d'Éros,
Lorsque tu fatiguais les échos de Naxos
Du bruit de tes sanglots, douloureuse Ariane,
Pâle, le front caché dans ta main diaphane
Que le jour traversait de ses roses rayons,
Savais-tu, savais-tu que, vainqueur des lions,
Couché sur l'éclatante échine des panthères,
Lysios, qui préside aux terribles mystères,

*Aux noirs enchantements de l'ivresse et des vins,
S'avançait, le jeune homme aux traits fiers et divins,
Le doux efféminé qui naquit dans les flammes,
Courageux comme Hercule, et beau comme les femmes !*

*Oh! dis, le savais-tu? Dans ton lourd désespoir,
Tes yeux qui s'égaraient sur l'abîme pour voir
Fuir au loin le vaisseau du perfide Thésée,
Tes grands yeux où brillait une amère rosée,
Avaient-ils vu le thyrse apparaître joyeux
Devant l'adolescent fils et frère des Dieux ?
Ton oreille avait-elle entendu les cantiques
Hurlés par le troupeau des femmes frénétiques ?*

*Oui! tes bras dans les airs tordus, étincelants
Comme deux cols de cygne, énervés et tremblants,
S'entr'ouvraient, et bien moins dans la morne attitude
De l'amante troublant de cris la solitude
Que de la fiancée, en cet heureux instant
Où s'avance l'époux jeune et fort qu'elle attend;
Tu pressentais déjà son heureuse arrivée;
Ta gorge palpitait, doucement soulevée
Par l'espoir confiant d'un bonheur inconnu.*

*Ah! souris maintenant! Ce bonheur est venu!
L'amant est près de toi, le voilà qui t'embrasse,
Et de Naxos aux monts ténébreux de la Thrace,
L'hymne éclatant résonne et trouble l'Océan.
Chantez Cypris! Chantez l'Amour! Io Pæan!*

*O mon âme, Ariane errante et tourmentée,
Tu frappes aussi l'air de ta plainte irritée:
Rassure-toi! Bientôt, messager gracieux,*

L'auguste espoir luira pour nous du fond des cieux ;
Tu salueras bientôt le retour de la joie.
   Bientôt, fendant la mer orageuse qui ploie
Sous le pesant navire, apparaîtra le Dieu
Tranquille et triomphant, dont le charmant aveu
Ranimera ta force éteinte et ta sauvage
Énergie, Ariane en pleurs sur le rivage,
Dolente solitaire interrogeant toujours
Le gouffre où disparut l'ombre de tes amours !

La Naissance de la Rose.

A LECONTE DE LISLE.

I

   Cypris au sein neigeux était née, et les flots,
Qui se pâment avec d'ineffables sanglots
Sous le regard ami des étoiles flottantes,
Adoraient de ses pieds les blancheurs éclatantes.
Pensive, elle rêvait sur son berceau houleux ;
L'azur était resté fixé dans ses yeux bleus,
L'écume rougissait près d'elle, épouvantée
Et fière en même temps de l'avoir enfantée !

L'Aurore s'oubliait ravie au fond des cieux;
Elle arrêtait le char aux mobiles essieux
Que dirige Apollon, et, tremblante, éperdue,
Montrait au jeune dieu, dans l'humide étendue,
L'immortelle beauté qui leur apparaissait!
Tout bruit terrestre ou bien céleste se taisait;
Le parfum pénétrant et doux de l'ambroisie
Nageait dans l'air, autour de la forme choisie.
Les vierges de la mer dénouaient sur leurs seins
Leurs beaux cheveux mouillés, et de joyeux essaims
D'enfants nus, qui tenaient des torches enflammées,
Jouaient parmi l'odeur des tresses embaumées,
Et la grande Cypris, debout et promenant
Son œil impérieux sur l'Éther rayonnant
Qui se mêlait au loin à la vague marine,
Croisait avec douceur ses mains sur sa poitrine.

Alors, ce fut un chant d'allégresse et d'amour
Que les échos charmés, mille fois en ce jour,
Répétèrent aux bois, aux grottes, aux fontaines,
Et ceux qui pressentaient les angoisses certaines
Et les soucis amers qui dévastent le cœur,
Fous d'extase, mourants, s'écrièrent en chœur,
Sachant bien qu'ils seraient les victimes promises
A l'orgueil meurtrier des vierges insoumises:
« O Cypris! ô déesse invincible, aux traits prompts!
Ange des longs tourments! salut! Nous t'adorons! »

II

Mais, pendant que la mer et le ciel, où frissonne
L'abondante lumière, admiraient l'amazone
Dont les cheveux ardents, tout emperlés encor,
Silencieusement laissaient flotter leur or,
La Terre, pour fêter à son tour la venue
De celle dont la grâce irrésistible et nue
Éblouissait le monde et commandait aux Dieux,
La Terre s'entr'ouvrit dans le jour radieux;
Et les petites fleurs aux blanches collerettes,
Et le muguet des bois, les douces pâquerettes,
Et celles qui, fuyant l'éclat, cachent leurs fronts
Sous la mousse discrète, et les frais liserons,
La pervenche, l'œillet, même les frêles plantes
Dont le soleil d'été flétrit les tiges lentes,
Pâlirent; un frisson universel courut:
La Rose triomphale et superbe apparut!

   Alors, sous la ramure épaisse des grands chênes,
Le silence se fit jusqu'aux sources prochaines;
On crut voir osciller la cime de l'Œta,
Et, triste, dans la nuit, le rossignol chanta!

Latone.

A Jules Janin.

Proscrite par la haine implacable d'Héré,
Latone au peplos bleu fuyait. Les noirs rivages,
Où bouillonne l'épaisse écume, aux bonds sauvages,
Refusaient leur sol dur à son pas abhorré.

Parfois, devant la gueule horrible des repaires
Où les fauves grondants abritent leurs petits,
Levant avec effort ses bras appesantis,
Lasse, elle demandait un asile aux vipères.

Mais l'antre même, au front du rocher inhumain,
Était sourd; et, pareille au sourcil qui se fronce
Sur un œil effrayant et difforme, la ronce
Croissait affreusement pour barrer le chemin.

De hideux tourbillons de vautours et d'orfraies
La menaçaient du haut des airs avec leurs cris,
Cependant que bavaient sur ses beaux pieds meurtris
Les crapauds vils, râlant parmi les oseraies.

*Dans l'angoisse des nuits, lentes et sans rayons
D'étoiles, elle errait; l'arbre au feuillage sombre
Se tordait, grandissait, et ressemblait dans l'ombre
Aux spectres par l'effort de ses contorsions.

La tempête sonore ébranlait sur leur base
Les montagnes, et les brisait avec fracas.
Pour reposer, le soir, ses membres délicats,
La proscrite couchait par terre, dans la vase!

Ses beaux enfants pleuraient. Apollon avait faim,
La petite Artémis avait froid, et Latone,
Qu'ils contemplaient d'un œil ingénu qui s'étonne,
Demandait quand ses maux toucheraient à leur fin.

Alors, triste et navrée, elle disait : « Oh! n'ai-je
Pas encore versé tous les pleurs de mes yeux!
Quand donc luira le jour miséricordieux
Où tu pardonneras, Déesse aux bras de neige?

Oui, je t'ai grandement blessée en ton orgueil!
Ta colère de reine et d'épouse outragée
Eut raison, je le sais. Mais n'es-tu pas vengée
Suffisamment par mon exil et mon long deuil? »

La foudre répondait; la forêt, que secoue
L'âpre bise, agitait ses arbres furieux,
Et les hommes, avec des mots injurieux,
Pour l'en marquer au front lui jetaient de la boue.*

*C'est ainsi que d'exil en exil, en tout lieu,
Pâture que les loups se disputaient, victime
Lamentable, elle errait pour expier le crime
D'avoir senti son cœur battre à l'appel d'un Dieu!*

La Mort de Roland.

A Charles Voillemot.

*Or, les païens, que la honte accompagne,
Avaient tous fui du côté de l'Espagne ;
Le bon Turpin, Olivier, étaient morts.
— Qui portera la belle Hauteclaire ? —
Roland près d'eux se coucha sans colère,
Bien fatigué de ses rudes efforts.*

*Le preux Roland s'est couché, — plus ne bouge ! —
Devant ses yeux, comme une vapeur rouge,
Monte le sang qui grise Roncevaux.
Autour de lui s'entassent les armures,
Pleines de cris d'angoisse et de murmures,
De râles sourds d'hommes et de chevaux.*

Puis tout se tait, et la lune sanglante
Au sombre ciel apparaît, triste et lente ;
La Mort livide emplit le val fumant,
Et dans la brume où son grand spectre nage,
Rendus joyeux par l'odeur du carnage,
Les noirs corbeaux volent confusément.

Les chevaliers sont étendus et roïdes ;
Tous vers le ciel tournent leurs faces froides.
Pourtant leur bras n'était pas encore las ;
Et maintenant, insigne félonie !
Leur cœur chrétien et vaillant les renie.
Roland les voit navrés et dit : « Hélas !

O doux amis dont j'admirais la taille
Droite et si ferme, en un jour de bataille,
Les voilà donc des vivants rejetés !
Tous étaient fiers et de hardi courage,
Et devant Dieu, qui les vit à l'ouvrage,
Ces braves gens se sont bien comportés ! »

Au pied d'un arbre à la haute ramure
Dont l'ombre couvre au loin la moisson mûre,
Sur son écu, dont l'acier non terni
Renvoie au ciel une blanche lumière,
Il s'est couché, puis il fait sa prière,
Car il sent bien que son temps est fini.

Mais tout à coup sa grande âme est frappée
De cette idée, hélas ! que son épée
Va devenir butin aux Sarrasins,
Et que bientôt cette guerrière prude,
De bonne trempe, aux ennemis si rude,
Pourra servir à de méchants desseins !

Son âme en pleure. Alors, aveugle, blême,
Pour la sauver de cet affront suprême,
Contre un rocher il heurte Durandal.
Le mont frémit sur sa solide assiette,
Le roc se fend et sous les coups s'émiette :
L'arme flamboie et ne sent aucun mal.

Roland en vain redouble, hors d'haleine ;
L'écho des coups retentit dans la plaine,
Et Durandal, joyeuse, semble encor
Être au combat ainsi qu'elle a coutume,
Lorsqu'au milieu du sang épais qui fume,
Parmi les cris chante la voix du cor !

Alors Roland s'assied au pied d'un arbre ;
Déjà son front a la pâleur du marbre :
« O Durandal claire et de bon acier !
Le forgeron t'a faite belle et dure :
Reste loyale, amie, et toujours pure:
Toi qu'on trempa dans le sang nourricier !

Que de pays nous conquîmes ensemble,
O Durandal, quand cette main qui tremble
Guidait en l'air ton cercle triomphant !
T'en souvient-il, ô reine des épées,
Des coups fameux et des têtes coupées,
Lorsque sonnait mon royal olifant ? »

Puis le héros recommande son âme
A Dieu le Père ainsi qu'à Notre-Dame,
Croise, en priant, ses deux bras engourdis
Sur sa poitrine, et regarde l'Espagne,
Ayant tenu jusqu'au bout la campagne,
Et saint Michel l'emporte au paradis !

L'Infante de Savoie.

A ARSÈNE HOUSSAYE.

I

Ruy Diaz le gentilhomme
De haut lieu, que l'on renomme,
Est en route maintenant.
Sa prude épée étincelle,
De force, il a fait en selle
Monter le roi don Fernand.

Outre les cinq rois d'Espagne,
Il a, pour tenir campagne,
Don Sanchez de Burveva,
Almérique de Narbonne,
Don Galin à l'âme bonne,
Ossorio qui l'éleva.

Voici que les haquenées
Dépassent les Pyrénées,
Hautes sur les cieux brillants.
Le temps d'assister au prône,
On arrive aux bords du Rhône,
Où campent les Castillans.

Bien haut, afin qu'on le voie
Chez le comte de Savoie,
Sur le plus haut d'un coteau,
Ruy Diaz, à sa manière,
Fait tailler une bannière
Dans la serge d'un manteau.

Puis il jure sa parole
Qu'on verra la banderole
De ce drapeau qu'il ourla
Flotter en un lieu dont More
Ni Chrétien ne peut encore
Dire : « J'ai mis le pied là! »

Cela surprend fort le comte
De Savoie, à qui l'on conte
L'acte du bon chevalier :
« Allez savoir sa naissance,
S'il est pauvre ou dans l'aisance.
Je me le voudrais lier ! »

Diaz répond à ces offres :
« Les gens ! remportez vos coffres.
Mon père est marchand de draps ;
J'en vends aussi qu'on me paie,
Mais d'une telle monnaie
Qu'on en perd jambes et bras ! »

Les gens s'en vont vers le comte
Qui devient rouge de honte :
« A-t-on rien vu de pareil
A l'audace de ce traître ?
Je lui veux faire apparaître
Des ombres en plein soleil ! »

II

La bataille est ébranlée.
Voici la chaude mêlée,
La cloche a sonné le glas.
Doux Jésus ! faut-il que meurent

Tant d'hommes fiers, et que pleurent
Autant de beaux yeux là-bas?

Ruy Diaz, dans la bataille,
Balance sa haute taille:
Son œil flambe! Dans sa main
Tourne sa lance brillante
Qui par la plaine grouillante
Lui fraye un large chemin.

Un cavalier se présente
A l'allure menaçante.
« Ah! fait don Ruy, bien content,
C'est toi, comte de Savoie?
Béni le ciel qui t'envoie
Sur ma route en cet instant! »

Il prend sa barbe à main pleine,
Le renverse sur la plaine,
Et, lui posant le genou
Sur la poitrine, il s'exclame:
« Comte! le ciel ait ton âme!
Pourquoi venir là, vieux fou?

Tu connais, bonne pratique,
Le drap dont je tiens boutique?
Trouves-tu qu'il soit trop cher,
Puisque j'en mesure l'aune
Juste à la valeur d'un trône? »
L'autre frissonne en sa chair,

*En sa chair l'autre frissonne
Et répond: « Ta voix résonne
Superbement! Quel es-tu?
Ta famille, quelle est-elle?
— Elle est de race immortelle,
Certe, et de grande vertu.*

*Mon père est le vieux don Diègue,
Layn est le nom qu'il me lègue;
J'ai Bivar d'où vient mon nom,
D'autres châteaux je n'espère.
Le père de mon grand-père
Était le roi de Léon.*

*— Si tu me laisses la vie,
Rodrigue, j'ai forte envie
De te garder près de moi.
Ma fille, que l'on jalouse,
Attend qu'un vaillant l'épouse,
Et je t'assure sa foi! »*

*Ruy Diaz a dit au comte:
« Va! que ta fille soit prompte
Et vienne avec ses barons.
Une fille, blonde ou brune,
Ne m'inspire crainte aucune.
Après, nous aviserons. »*

III

Une clameur triomphante
Annonce la jeune Infante,
Qui s'avance sans effroi.
Sur une blanche monture
Vient la blanche créature,
Droite sur le palefroi.

Sa robe fine et soyeuse
Est d'étoffe précieuse;
Ses yeux ont l'air de velours,
Sa voix en perles s'égrène,
Et sur son épaule traîne
L'or fin de ses cheveux lourds.

Elle est grave, elle est modeste,
Pleine de grâce céleste;
Il n'est empereur ou roi
Qui ne la trouve accomplie.
« Vraiment elle est trop jolie, »
Fait don Ruy Diaz, « pour moi.

A mon seigneur je la donne! »
La dame aux façons de nonne
En un trouble surprenant

Par ce discours fut laissée,
Et se trouva fiancée
De la sorte au roi Fernand.

Ruy Diaz, le ciel le mène!
N'avait-il pas sa Chimène
Aux yeux calmes et profonds?
La comtesse de Savoie
Eut un fils, qu'en grande joie
Le pape tint sur les fonts.

L'épouse coupable.

« *Vous êtes blanche ainsi qu'un rayon de soleil,*
Aussi je vais dormir auprès de vous, madame;
Je n'ai, depuis sept ans, goûté plaisir pareil.

Ah! c'est, je vous le jure, un métier, sur mon âme!
Fort rude que d'avoir sans cesse sur le corps
Cette ferraille lourde et que la rouille entame!

— Dormez sans crainte, ami. Mon époux est dehors
En chasse, quelque part vers les hautes montagnes.
Ah! puisse son cheval rompre et briser son mors!

Que puisse-t-il avoir les fièvres pour compagnes;
Puissent ses chiens crever enragés, les vautours
Déplumer ses faucons à travers les campagnes!

Et puisse, lui jouant quelqu'un de ses bons tours
Le diable le traîner par les deux pieds lui-même,
Sanglant, défiguré, sur le pavé des cours! »

Pendant que le soudard répondait: « Je vous aime ! »
Le mari, de retour, mit terme à l'entretien.
La dame fit cacher son galant, pâle et blême.

« Que faisiez-vous, madame? — Oh! mon Dieu, seigneur, rien.
Je peignais mes cheveux, triste et bien désolée,
Car vous me laissez seule, hélas! et sans soutien·

— Cette parole-là semble s'être exhalée
De votre bouche avec un air de trahison!
A qui donc ce cheval qui hennit dans l'allée?

— Mon seigneur, n'allez pas concevoir de soupçon.
Ce cheval, ah! la chose est bien simple! mon frère
L'envoya ce matin pour vous à la maison.

— Je le croirai jusqu'à la preuve du contraire;
Mais ces armes qui sont là, dans le corridor...
Quel mensonge allez-vous de votre gorge extraire?

— C'est un présent aussi de mon frère. — Oh! cœur d'or !
Bon frère! et je doutais de vous! Ah! j'en ai honte!
Et cette lance? Elle est à votre frère encor?

— Ah! qu'elle m'entre au cœur vite, et qu'elle soit prompte,
Et m'épargne un dernier et méprisable effort!
Tuez-moi sur-le-champ, ah! tuez-moi, bon comte.

Vraiment j'ai mérité de recevoir la mort! »

La petite Infante.

A Catulle Mendès.

Le chevalier chasse dans la forêt;
Ses chiens sont las, et son faucon s'envole.
Le chevalier, sans dire une parole,
De tout cela navré, se retirait.

Voilà qu'il s'est assis au pied d'un chêne
Très-élevé qui monte jusqu'aux cieux;
Or, cependant qu'il demande à ses yeux
Quel sortilége en cet endroit l'enchaîne,

La petite Infante.

*Les noirs rameaux s'ouvrent : il aperçoit
Sur le fond clair qui luit dans cette fente,
Belle à ravir, une petite Infante
Qui lui fait signe, en riant, de son doigt.*

*Sa chevelure immense s'éparpille
Sur le branchage épais. « Soyez sans peur,
Je ne suis point un spectre de vapeur.
Mon père était un grand roi de Castille.*

*Ma mère fut la femme de ce roi.
J'étais encore enfant, lorsque sept fées,
Par je ne sais quelle haine échauffées,
Firent fermer ce grand arbre sur moi.*

*Sans que jamais personne me réclame,
J'y dois rester sept ans. Or, les sept ans
Sont expirés. Partons. Je vous attends,
Et je serai, s'il vous plaît, votre femme. »*

*Le chevalier prit son front dans sa main:
« Permettez-moi de consulter ma mère.
Un jour de plus, ce n'est pas une affaire!
Et je viendrai pour vous chercher demain.*

*— Ah! mal advienne au chevalier timide
Qui laisse ainsi la jeune fille au bois!
Allez, seigneur; mais on peut quelquefois
A son retour ne trouver qu'un nid vide! »*

Le chevalier est parti maintenant:
La jeune fille est seule dans le chêne
Jusqu'au retour de l'aurore prochaine,
Pleine d'ennui, colère et frissonnant.

Le chevalier conta son aventure
En diligence à sa mère. « Oh ! courez,
Épousez-la, car jamais vous n'aurez
Pu désirer une telle future ! »

Sa mère ayant ainsi dit, il revint
En toute hâte au chêne; mais l'Infante
Fuyait déjà, joyeuse et triomphante:
Ils étaient bien près d'elle quinze ou vingt.

On ne vit plus que le bout de sa jupe
Flotter au coin d'un vert sentier tournant,
Puis disparaître au loin. — Et maintenant,
Qui fut surpris, bonnes gens, qui fut dupe ?

Le chevalier, lorsque l'arbre moqueur
Lui découvrit son Infante échappée.
Pour en finir, il tira son épée
Et la plongea tout entière en son cœur.

Le Voile de Tanit.

A Gustave Flaubert.

> Ainsi mourut la fille d'Hamilcar pour
> avoir touché au manteau de Tanit.

Quand elle eut, de sa main curieuse, touché
Au manteau de lumière et d'étoiles broché;
Quand ses yeux éperdus et troublés, que dilate
Le désir, eurent bu l'azur et l'écarlate
Du voile redoutable aux regards des mortels;
Ainsi que la victime aux marches des autels
Frémit, et sent déjà l'approche de la flamme,
La fille d'Hamilcar blêmit, et rendit l'âme.
  O lambeaux glorieux de pourpre! voiles saints
Qui tombez lentement et dérobez les seins
De la Muse héroïque à la voix éternelle!
Malheur au sacrilége impur, dont la prunelle
A réfléchi vos plis droits et silencieux
Qui bravent les efforts du vent, dans les grands cieux!
Son cœur tressaillera dans une angoisse affreuse,
Il descendra vivant dans la mort ténébreuse,
Expiant le forfait d'avoir, un seul instant,
Essayé d'assouvir son désir insultant!

Seuls, les initiés élus qui savent lire
Dans les livres sacrés et font vibrer la Lyre
Ont droit de contempler le voile de Tanit,
Et de baiser, parfois, les degrés de granit
Qui conduisent au temple auguste où la lumière
Émerge en fusion de l'aurore première !
Et, lorsque gravement ils marchent parmi nous,
Les hommes prosternés embrassent leurs genoux
Et baissent, éblouis par le reflet des gloires,
Leurs paupières qu'emplit le flot des ombres noires !

Catherine.

A JULES CLARETIE.

I

La petite servante à la mine éveillée
  Qui vient faire nos lits,
Et dont on aime à voir la figure émaillée
  De roses et de lis ;

Celle qui rit si bien, avec des dents si blanches,
  Et met si crânement
Ses pauvres petits poings tout mignons sur ses hanches
  Au souple mouvement ;

Catherine aux yeux bleus, Catherine la blonde,
    Celle à qui nous frappons
Quelquefois sur la joue étincelante et ronde,
    Ce printemps en jupons;

Catherine pleurait tantôt à fendre l'âme,
    Et, de ses jolis doigts
Essuyant ses doux yeux, elle me dit: « Madame
    N'est pas bonne parfois! »

On l'avait, paraît-il, sur le matin, surprise
    Se laissant embrasser!
Madame était entrée en une fureur grise,
    Et la voulait chasser.

« Et, comme on doit mourir un jour, je vous le jure,
    Le mal n'était pas grand! »
Et, malgré son chagrin, la rose créature
    Souriait en pleurant.

Ah! qu'elle était jolie avec son air timide,
    Disant: « J'ai le cœur gros! »
Pendant qu'elle passait sur sa paupière humide
    Un mouchoir à carreaux.

Ses bras fermes sortaient des manches retroussées;
    Son fichu de travers
Laissait voir ses deux seins aux formes accusées
    A moitié découverts.

Dans ses cheveux hardis tombés, des brins de paille
* Les crespelaient encor:*
On eût dit, à la voir, un oiseau qui tressaille
* Et va prendre l'essor.*

Sa chair mouillée avait, au travers de ses larmes,
* Ces parfums séduisants*
De force et de santé qui donnent tant de charmes
* Aux filles de seize ans!*

« Hélas! monsieur, hélas! qu'est-ce que je vais faire?
* Mon oncle est furieux! »*
Moi, je lui promettais d'arranger cette affaire
* Si grave pour le mieux:*

« Ne faisons pas l'enfant, petite Catherine,
* Allons! de la vigueur! »*
Et j'embrassais ses yeux, pendant que sa poitrine
* S'appuyait sur mon cœur.*

II

Je la retrouverai, ma jeune paysanne,
* Oui, mais exerçant l'art*
Libéral et surtout renté de courtisane,
* Dans un an au plus tard.*

Le velours noblement couvrira sa poitrine;
  Elle aura des bijoux,
Et son portrait sera derrière la vitrine
  De Susse et de Giroux.

Elle fera pâmer, par l'ampleur de sa danse,
  Mabille et l'Opéra;
Elle dira des mots que, dans l'Indépendance,
  Mané répétera.

Elle fera sortir de terre devant elle
  Des princes et des lords,
Et dans un océan somptueux de dentelle
  Elle noiera son corps.

Sa joue aura perdu ses bonnes couleurs crues,
  Et ses cheveux mouvants,
Poudrés d'or, auront fait d'importantes recrues
  Chez des coiffeurs savants.

Elle ne mettra plus ses poignets sur ses hanches,
  Si ce n'est pour danser;
Ses bras auront blanchi lorsque par d'autres manches
  On les verra passer.

On ne lui dira plus qu'en tremblant: « Je vous aime ! »
  Et mille soupirants
Viendront à ses genoux, et peut-être moi-même
  Serai-je dans leurs rangs!

Peut-être lui dirai-je : « *Adorable inhumaine,*
  Voyez ma passion! »
Et je la nommerai, dans mes vers : Célimène,
  Avec conviction.

III

En attendant ces jours de gloire, reste encore
  Telle que je te vois,
O cher petit Rubens plein d'un rire sonore
  Qui semble être ta voix!

J'ai promis d'obtenir avant demain ta grâce,
  Et tu l'auras ce soir:
Ainsi ne pleure plus et viens que je t'embrasse;
  On ne peut pas nous voir!

La Chanson ignorée.

Oh! non, pâle endormie! oh! non, morte adorée!
Je ne la dirai pas, la chanson murmurée
En ce Mai de nos cœurs, sous les bois, aux rayons
Des étoiles, moins purs que nos illusions!
Et ni le rossignol qui chante pour la rose,
Ni le calme des nuits à qui souvent je cause,
Ni mon plus cher ami ne l'entendront jamais,
Ce chant mystérieux et tendre que j'aimais
A te dire, en ce temps où ta beauté naissante
Rendait les lis jaloux, ô blanche adolescente!
Oh! non! et puisque j'ai lâchement répété
Les mots harmonieux d'espoir qu'en cet été
Je te disais à toi, vierge enfantine et douce,
A d'autres dont le cœur sombre et creux me repousse!
Que du moins cet aveu chaste reste entre nous,
Comme à l'heure où, baignant de larmes tes genoux,
Je t'offrais ce trésor de la vingtième année,
Le premier cri d'amour de mon âme étonnée.
  O charme! tes regards clairs et silencieux,
Sources vives d'azur réfléchissant mes yeux,
Brillaient sur moi; tes mains pâles serraient les miennes;
Tes longues tresses d'or, souples, aériennes,
Rayonnaient! Et pourtant, ni tes beaux cheveux blonds,
Ni tes petites mains aux doigts frêles et longs,

Ni tes yeux n'éveillaient mon être. Oh! non! mon âme,
Mon âme, qu'enivrait ton cher parfum de femme,
T'aimait, et n'aurait pu dire pour quel motif.
Tout en nous était chaste, innocent et naïf.
Nous ignorions qu'il pût exister en ce monde
Une autre joie, une autre ivresse, plus profonde
Que de se regarder en silence et d'avoir
Les yeux mouillés de pleurs, tous deux, rien qu'à nous voir !

Mais, puisque, obéissant au destin qui m'emporte,
Je suis loin du pays et que te voilà morte,
Que mon cœur inquiet a pu s'ouvrir après
Avoir longtemps gardé ton souvenir si frais,
Qu'il reste entre nous deux, ce chant de la jeunesse !
Que nul, excepté nous, jamais ne le connaisse !

Et si, devant le calme affecté de mon cœur,
L'indifférent au rire agressif et moqueur
Prétend que rien en moi ne s'agite, angélique
Amoureuse, ton nom, ma plus sainte relique,
Ton nom que je répète alors que je suis seul,
Comme je le chantais auprès du vieux tilleul
Autrefois, ton doux nom, montant jusqu'aux étoiles
Où tu viens, ombre triste, agiter tes longs voiles,
Ton doux nom, dit si bas que nul ne l'entendra,
O trépassée auguste et chère ! te dira
Qu'on ment, et que toujours dans les choses banales
J'ai gardé la pudeur des amours virginales !

Prologue

D'une Comédie bouffonne.

A Constant Coquelin.

Pendant que loin de nous l'ange Mélancolie
Rêve en interrogeant l'azur des cieux profonds,
Nous avons essayé de prendre à l'Italie
Ses types ingénus sous leurs masques bouffons.

Ils viennent. Aimez-les. C'est Colombine, l'âme
De la farce classique, aux regards éclatants,
Qui mêle à ses cheveux d'or céleste et de flamme
Les plumes de l'oiseau d'amour, couleur de temps!

Arlequin, le héros fantasque de Bergame,
Qui passe et disparaît comme un vivant éclair,
Et fait, sur son habit, chanter toute une gamme
De paillettes d'acier qui frissonnent dans l'air.

C'est le Docteur, bourré de sentences latines,
Le Pédant, que Molière a réclamé pour sien,
Et qui mêle sa basse aux notes argentines
Des jeunes amoureux sous le soleil ancien;

Et c'est Pierrot, enfin! le spectre blanc qui laisse
Les destins, à leur gré, gouverner l'univers,
Et fort tranquillement s'assied avec mollesse
Au rebord des chemins sous les feuillages verts.

Ils vont où les conduit leur libre fantaisie,
Sages voyant la vie à travers leur humour,
Suivant la route en fleurs qu'un Dieu leur a choisie,
Insoucieux de tout, hormis du seul amour!

Ne vous étonnez pas de leurs façons galantes:
Fatalistes ainsi que des Orientaux,
Ils ont laissé le soin aux brises nonchalantes
De disposer les plis flottants de leurs manteaux.

Leur gaîté primitive a des accents farouches,
Le mot cru, rimant juste, est chez eux triomphant;
Pourtant, rien n'a flétri le rose de leur bouche,
Et leur rire sincère est un rire d'enfant.

Voici qu'ils vont conter leur chanson amoureuse,
Accueillez-les; soyez cléments, et laissez-leur
Poursuivre dans les airs leur course aventureuse
Avec le rossignol et le merle siffleur.

Songez qu'ils ont gardé leur jeunesse éternelle
A travers trois cents ans lumineux traversés,
Et que la muse encor les couvre de son aile. —
Messieurs les violons, maintenant, commencez!

Réveil.

J'ai pu, ce matin, laisser ma fenêtre
Ouverte aux rayons du premier soleil.
Réjouissons-nous! le printemps va naître,
Sur l'écorce point le bourgeon vermeil.

Le vieillard Hiver se métamorphose.
Son manteau fourré tombe et laisse voir
Le corsage frais et l'épaule rose
D'une belle fille à l'œil vif et noir!

Le fond gris du ciel se fait bleu! Des strophes
Chantent dans ma tête et parlent d'amour,
Et mon rêve met de belles étoffes,
Couleur d'espérance et couleur de jour!

Plus de flamme haute en la cheminée
Dont le clair reflet dansait sur le mur.
Folle du logis, Muse mutinée,
Allons dans les champs saluer l'azur!

Le Château Romantique.

A THÉODORE DE BANVILLE.

Dans le vieux château romantique,
La garnison, nombreuse encor,
Aux cris des teneurs de boutique
Répond par des appels de cor.

La porte est solide et de chêne,
Les ais par le fer sont liés;
C'est en vain qu'au bout de leur chaîne
Se balancent les lourds béliers.

Notre orgueilleuse citadelle
Ne craint surprise ni hasard,
Et défend, gardienne fidèle,
Le vierge pays de Ronsard.

Dans les fossés pleins d'eau courante,
Les créneaux se mirent joyeux;
Le drapeau de mil huit cent trente
Flotte librement dans les cieux.

Et le visiteur, dès qu'il entre
Dans le donjon aux murs épais,
Voit, dans la grande cour du centre,
Les soldats s'exercer en paix.

Pas une pierre n'est tombée;
Et nul brin d'herbe, nul gramen
Au ventre de la tour bombée
N'a pu se frayer un chemin.

Les strophes des Orientales
Résonnent sous leurs hauts arceaux;
La lyre mêlée aux crotales
Rhythme la chanson des oiseaux.

Dans les jardins du beau domaine,
Laissant fuir ses cheveux au vent,
Le doux Cœlio se promène
Avec Albertus, en rêvant.

Une ode amoureuse à chaque heure
S'épanouit, charmante à voir,
Ouvrant dans la forte demeure
Son aile au souffle de l'espoir.

Hugo, dans la tour la plus haute,
Siége, auguste, puissant, entier;
Les autres veillent côte à côte
Près du capitaine Gautier.

Prêt à lui présenter sa lance
Suspendue aux murs de la nef,
Un page se tient en silence,
Front découvert, devant un chef.

C'est ainsi qu'il voit apparaître
Le passé grave et familier,
Attendant le jour où son maître
Voudra bien l'armer chevalier.

Entré, cette saison dernière,
Dans le grand château, j'ai suivi
Fidèlement votre bannière,
Cher maître, et je vous ai servi.

Quand vous tentiez une aventure,
J'étais là, regardant les coups,
Et je n'ai nulle forfaiture
A me reprocher près de vous.

Vous m'avez dit: « Sois sans envie.
Suis tes aînés, admire-les. »
Votre vie a guidé ma vie,
Partout où vous alliez, j'allais!

Souvent je restais dans la plaine
Quand vous gravissiez d'un pied sûr
Le mont rapide à perdre haleine,
Qui plonge dans le vaste azur.

Le Château Romantique.

Noyé dans l'obscure mêlée,
J'avais l'œil sur votre pennon.
Vous en haut, moi dans la vallée,
J'ai fait respecter votre nom.

Je vous ai suivi dans la voie
Où vont les cœurs crucifiés,
Et mon cœur tressaillait de joie
Chaque fois que vous triomphiez!

Mais dans l'antique forteresse,
Dont le blanc rayon du matin
A la nouvelle aube caresse
Le front redoutable et hautain,

Nous sommes plusieurs, tous fidèles,
Ayant la même loyauté,
Emplissant nos âmes jumelles
D'un même amour pour la Beauté.

Plus tard, nous serons à la taille
Des armures de nos aïeux,
Et nous courrons à la bataille
Libres, confiants et joyeux.

Ah! que cette aurore se lève,
Et vienne échauffer notre sang;
Nos bras impatients du glaive
S'agitent dans l'air frémissant.

L'épée au vent! sous la cuirasse!
Le grand combat n'est pas fini.
Hardi! les fils de haute race,
Comme aux beaux jours de Hernani!

Vienne la blessure écarlate
Teindre nos habits poussiéreux;
Nos cœurs, que l'audace dilate,
Trouvent leurs corps étroits pour eux!

Une Exécution.

— *Les gendarmes avaient pris l'un des nôtres, Pierre*
Antoine d'Altagène, un brave à la paupière
Que l'éclair ne faisait baisser, ni le soleil,
Et qui, même entre nous, n'avait pas son pareil
Pour descendre son homme et sauter d'une roche
Lorsque des voltigeurs on reniflait l'approche.
Il fut pris lâchement, par trahison, pendant
Qu'il dormait, car c'était un homme très-prudent.
Un berger d'Evisa l'avait livré, sans honte !
—Celui-là, ce fut moi qui lui réglai son compte :
Deux balles, l'une au front, l'autre au cœur, tout fut dit.
Puis je poussai du pied le corps de ce maudit,
Le donnant en pâture aux corbeaux d'Aïtone. —
Mais Antoine était pris.. — Ah ! sang de la madone !
On devait payer cher cette prise !
       On lia
Notre ami, puis il fut conduit à Bastia,
Et là, mis en prison, entre quatre murailles.
Les gendarmes étaient joyeux, — tas de canailles !
Enfin, après deux mois on lui fit son procès.
Ce fut long. Des bavards qui parlaient en français
L'insultaient, l'appelaient voleur. C'était infâme
Et faisait bouillonner la colère dans l'âme.
Mais après tout c'étaient des gens du Continent.

*Quant aux jurés,—j'en pleure encore maintenant—
Des Corses, condamner un Corse! La sentence
Fut rendue. Un frisson courut dans l'assistance;
Pour moi, je n'entendis qu'un mot, rien qu'un seul :* MORT !
*Prononcé froidement, lentement, sans remord
Par un grand homme sec et pâle en robe rouge.
O pauvre Anton! quand nous enfumions dans leur bouge
Les gendarmes d'Evise et de Piedicorté,
C'était lui qui marchait toujours à mon côté.
Jamais il n'était las, et lorsque Théodore
Ordonnait la retraite, il disait : « Pas encore,
Restez donc! Nous laissons le meilleur du morceau! »
Et le voir, sous nos yeux, tuer comme un pourceau!
Car nous fûmes le voir guillotiner. La rage
Est bonne, par moments, à l'homme et l'encourage.
Nous étions six: un des Zanuelli, Sarroch!
Puis trois autres, debout dès l'aube, sur le roc
Où l'on avait dressé la honteuse machine.
Tout le peuple était là, muet, courbant l'échine
Devant les sabres nus et les fusils armés.
Nul soupir ne sortait de nos cœurs opprimés,
Nous regardions, disant : « Ce n'est pas vrai! » quand Pierre
Parut. Dévotement chacun dit la prière
Des agonisants pour celui qui s'en allait.
Mes doigts fiévreusement tourmentaient mon stylet,
Quand la tête tomba.*

     *La chose terminée,
Nous nous trouvâmes vers la fin de la journée
Au maquis de Cardo, tous les six, et là-bas,*

*A nos pieds, comme pour railler, les soldats
Chantaient, et l'on voyait des feux dans la caserne;
Puis, tout au fond,—car l'œil, même la nuit, discerne
Ce dont il a besoin de se repaître, afin
Que le cœur furieux ait toujours soif et faim
De vengeance,—on voyait la chose où la tuerie
S'était faite, lugubre à voir, mal équarrie
Et semblant demander à boire encore du sang.
« Cela se passera donc ainsi, Dieu puissant!
Cria Gallochio. Les meilleurs, les plus braves;
Ceux qui sont faits pour vivre et mourir sans entraves
Seront saignés au cou sans que nous disions rien!
Oh! non! »*
   Je répondis:
      *« Mon frère, écoute bien:
Les juges sont gardés et leur maison est close;
Un juré c'est un lâche. Entre eux tous, lequel ose
S'aventurer le soir dans la campagne? Mais
Notre parent sera vengé, je le promets,
Et d'autres avec lui, d'une manière telle
Que tous en garderont une pâleur mortelle.
Allez m'attendre tous près de Biguglia.
Vous savez si celui qui vous parle oublia
Jamais d'être fidèle à la parole dite.
Allez! Laissez-moi faire. A la place maudite
Où mourut Pierre Antoine on nous retrouvera:
Elle veut boire encore du sang, elle en boira! »
Je restai seul. J'avais mon plan. C'était folie
Que d'aller s'attaquer à toute cette lie*

De juges, d'avocats, tous gardés à carreau.
Puis la ligne était là, d'ailleurs; mais le bourreau !
Je l'avais désigné, le matin, en moi-même
Comme devant payer pour tous. Sa face blême
Était gravée au fond de mes yeux. Il allait,
Tranquille, comme si nul ne le harcelait.
Des fantômes saignants lui réclamant leur tête,
Comme un bourgeois paisible à la démarche honnête,
A la chasse aux oiseaux, sur le bord de l'étang
Qui de Biguglia jusqu'au Golo s'étend.
Je le suivis dans l'ombre. Il chantait ! Douce et lente,
Sa romance guidait la marche nonchalante
Du cheval dont le pas régulier le berçait.
Il réparait le nœud mal coulant d'un lacet,
Car le fusil fait peur à ces mains lâches. Comme
Il passait le torrent saint Pancrazzio, l'homme
Fut saisi par dix bras solides. Nos amis
Nous voyant arriver tous les deux, s'étaient mis
A l'affût dans les joncs, et comptaient avec joie
Chaque pas qui faisait approcher notre proie.
Il pâlit. Il resta muet, la bouche ouverte,
Comprenant qu'on avait bien décidé sa perte,
Et que rien ne pouvait nous fléchir. Ses genoux
S'entrechoquaient, ses yeux devenaient rouges. Nous,
Immobiles, riant, nous le regardions faire.
« Il devrait, cependant, nous dire s'il préfère
Recevoir une balle ou bien être pendu, »
Fit Sarrochi.

        « Tais-toi. Nous avons attendu

Jusqu'ici pour avoir la vengeance complète,
Dis-je, attendons encor. Le vent de nuit soufflète
Nos fronts. Allons souper tous à Furiani.
Là, nous déciderons comment sera puni
Ce boucher dont la main ce matin était sûre,
Et nous lui rendrons tout : mesure pour mesure ! ».

On lia les deux mains du bourreau fortement,
Par derrière. Il avait comme un gémissement
Qui ne pouvait sortir dans le gosier. Sa bête
Nous servit. On le mit à plat-ventre; la tête
D'un côté, les deux pieds de l'autre, il ballotait :
On eût dit que c'était un sac que l'on portait.

Le chemin que l'on prend quand on quitte la plage
Est rude, lorsqu'il faut monter jusqu'au village;
C'est un sentier de chèvre abrupt où les cailloux,
A chaque pas qu'on fait dégringolent sous vous,
Et le cheval avait le trot fort dur, en sorte
Que c'était une masse aux deux tiers déjà morte
Quand on fit prendre pied au bourreau. Je le vois
Encor, pâle, hébété, voulant crier, sans voix,
Si froid, qu'en le touchant on aurait dit du marbre.
Je le pris. Je passai sa corde autour d'un arbre
Et l'attachai tout près de son cheval. A l'un
Comme à l'autre on donna de l'eau bue en commun,
Puis de la paille pour manger, si, d'aventure,
Ils aimaient tous les deux la même nourriture.
Nous, nous buvions gaîment du vin de Tallano

Dont notre hôte avait fait défoncer un tonneau.
De temps en temps, j'allais m'assurer si la corde
Tenait bon. Le bourreau criait miséricorde.
On lui riait au nez, vous pensez. Mais la nuit
Avançait, et les coqs s'éveillaient à grand bruit.
Il fallait se hâter, car les premières flammes
Du matin éclairaient Capraja. Nous plaçâmes
L'homme sur le cheval, puis, à travers l'enclos
De Galeazzini, nous partîmes. Les flots
De la mer vont moins vite alors que le vent pousse
Leurs masses et les change en une blanche mousse.
Nous courions, mais aucun d'entre nous n'était las.
Enfin, on arriva place Saint-Nicolas,
A l'endroit où; la veille, était la guillotine.
« Tu comprends maintenant ce que l'on te destine?
Dis-je au bourreau. C'est là qu'hier encor, devant
La foule, tu faisais sur un être vivant
Tomber tranquillement le couperet infâme.
Meurs donc là. Recommande aux saints du ciel ton âme,
Et sois prompt! »
                Nous armions nos fusils lentement.
Il pleurait. Il tremblait. Il fit un mouvement
Comme pour appeler, mais six balles, par terre
Clouant son corps, l'avaient en un clin d'œil fait taire.
La montagne était là qui nous offrait ses trous,
Heureusement! la troupe allait tirer sur nous.

Ah! c'était le bon temps. On était jeune. L'âge
M'alourdit maintenant, et je reste au village.

Théodore, le roi de la montagne, est mort;
On ne rencontre plus un seul Corse au cœur fort
Qui, se mettant avec les bois d'intelligence,
Poursuive jusqu'au bout une belle vengeance.
Tout dégénère! Les enfants ont des souliers!
Les principes reçus jadis sont oubliés,
On travaille pour vivre, on se fait domestique,
On hante les cafés, on cause politique!
Moi-même? — J'ai deux fils, et l'un est caporal,
L'autre sergent de ville, et moi facteur rural!

GILLES

ET

PASQUINS

A CAMILLE PELLETAN.

e vous dédiais ce petit livre, mon ami, il y a déjà un an. Il devait prendre sa volée, en moineau franc, gouailleur et joyeux, vers les premiers jours d'octobre 1870. Le siége de Paris, les sinistres événements qui ont précédé et suivi la chute de la Commune, ont retardé son apparition. Ce n'est plus guère aujourd'hui qu'un volume rétrospectif qui servira peut-être à l'historien des mazarinades de la fin de l'empire. J'ai dû supprimer quelques pièces qui, lestes et gaies au

moment de leur éclosion, auraient une lugubre portée aujourd'hui. Cependant, tel qu'il est, acceptez ce bouquin frivole, et croyez-moi votre bien sincère ami.

ALBERT GLATIGNY.

Paris, 15 juin 1871.

I

Prologue.

*Plus tard, vieux rossignol sans gosier, vieux poète
Noyé dans un habit d'académicien,
J'irai, lugubre à voir, triste et hochant la tête,
Rabâchant vaguement quelque propos ancien.*

*En ce temps-là j'aurai, sur bien des tombes closes,
Prononcé de pompeux discours très-applaudis,
Et je rebuterai, par mes dehors moroses,
Les poètes nouveaux, ces merles étourdis.*

*Je crîrai: « Laissez-moi tranquille avec vos odes!
A mon âge on relit les livres déjà lus;
Puis mon corps n'est pas fait à vos nouvelles modes,
O jeunes gens, soyez sobres, je ne bois plus! »*

*Quelquefois, par les soirs d'été, quand la caresse
De la brise fera tressaillir les grands bois,
La Muse, surmontant l'angoisse qui l'oppresse,
Viendra me dire: « Ami! que devient donc ta voix ?*

Chante encor, comme au temps de nos vertes années,
Le monde attend de toi de nouvelles chansons.
Vois! les voûtes du ciel brillent illuminées,
Et la rose a frémi d'amour sous les buissons.»

Et je lui répondrai: « M'amie, au clair de lune,
On se peut enrhumer facilement. Le soir
Était déjà malsain, quand ma tête était brune,
Puis en plein air, d'ailleurs, on n'aurait qu'à nous voir!

— Attendons à demain, soupirera la Muse,
Le clair soleil de juin, joyeux et réveillant
Les oiseaux dans la masse animée et confuse
Des branches, planera dans l'espace brillant.

— Je ne pourrai chanter demain non plus, m'amie.
Le soleil est mauvais pour mon front découvert;
Il échauffe par trop ma cervelle endormie,
Et blesse l'œil malgré ce noble abat-jour vert.

— Hélas! » fera la Muse, et, de ses mains ridées,
Elle essuira les pleurs qui mouilleront ses yeux.
Alors, réunissant quelques pauvres idées,
Je lui dirai: « Voyons! pourtant je suis bien vieux! »

O spectacle touchant! sur la lyre faussée,
Haletant, et penchant tous deux nos fronts jaunis,
Nous recommencerons, sans craindre la risée,
La chanson de Monsieur et madame Denis.

Et toi, Public, troupeau bêlant que rien n'arrête,
A qui la jeune Muse en vain ouvre les bras,
Comme je ne serai plus qu'une vieille bête,
Tu seras à genoux et tu m'applaudiras!

II

Le Revenant.

Journaux veufs, vos désirs là-haut sont exaucés.
Dieu, qui tient dans sa main les rédacteurs passés,
Rend parfois, pour qu'un autre abonné lui sourie,
Le même Limayrac à la même Patrie.
Le journal dont je veux vous parler possédait
Guéroult pour directeur. Devant lui tout cédait.
Je le connus ami du père Delamarre,
Et ses bureaux touchaient à ceux du Tintamarre.

Il avait tous les gens dont le ciel fait cadeau
A ses élus: Mornand, Sauvestre, Azevedo.
Il eut About. Ce fut une ineffable joie.
Ce jeune rédacteur chercha longtemps sa voie;
Saverne l'envoyait. Il avait fait un four
Au Théâtre-Français; il s'égarait autour

*De Taine; mais Guéroult adorait ses chroniques,
Et trouvait tous ses mots à double entente uniques.
Pauvre Adolphe! souvent, les bésicles à l'œil,
Il s'allongeait heureux dans un large fauteuil,
Les pieds enveloppés en des pantoufles neuves,
Son bureau surchargé d'une masse d'épreuves,
Et souriait au gros About, et l'appelait
Montaigne, Siraudin, Pascal, comme il voulait.
Oh! comme il savourait sa prose bien brossée.
About riait, charmant, et du rez-de-chaussée,
Joyeux, prenait son vol jusqu'au Premier-Paris.*

*Il poussait en jouant de jolis petits cris
Qui résonnaient dans le quartier de la Huchette;
On le laissait courir dans la maison Hachette,
Et Guéroult lui disait: « Edmond! » et reprenait:
« Voyez comme il est fort mon About. Son bonnet
Ne tient plus. On ne peut jamais le faire taire;
Bon jeune homme! parfois je me dis: « C'est Voltaire! »
Et, publiciste heureux que nous admirions tous,
Il se replongeait dans son canard à trois sous.*

*Un jour,—nous avons tous de ces choses fâcheuses,—
Une feuille grincheuse entre les plus grincheuses
Le journal de Legendre, attaqua cet About,
Et l'exemple donné se vit suivi partout.
Diogène, Gaulois, tout s'en mêla, nouvelles
A la main, faits divers, hélas! Quelles cervelles
Résisteraient au bruit qui se faisait alors?*

*About, qui ne sentait point ses reins assez forts,
Se retira.*
           *Le vieux Guéroult, sombre et farouche,
Resta seul. Aucun mot ne tombait de sa bouche :
Un numéro faillit se trouver en retard.
En vain on lui donna Deschamps et Villetard,
Rien ne put arrêter la source lacrymale
De ses yeux ; il disait à l'École normale :
« Rends-le-moi ! » Quelqu'un dit, pour consoler son cœur :
« Mettons, au lieu d'About, un autre chroniqueur. »
Le* Temps *survint.*
           *Soudain un nouveau bon jeune homme
Parut, qui rappelait Biéville. Mais comme
Il s'avançait, Guéroult s'écria vite : « Non !
Je ne veux même pas qu'on me dise son nom ! »
Mais tout à coup, pendant que, droit comme une borne,
Immobile, il songeait ; pâle, pensif et morne,
Moins au Sarcey présent qu'à l'About disparu,
Et demeurait plongé dans son chagrin accru,
O doux miracle ! ô feuille au bonheur revenue !
Guéroult, en relisant une prose connue,
Entendit le Sarcey qui lui disait tout bas :
« Tu regrettes About, c'est moi, ne le dis pas ! »*

Paris, août 1861

III

Le Siècle.

> C'était un grand château du temps de Louis treize.
> VICTOR HUGO, *Les Voix intérieures.*

C'était un grand journal du temps de Biéville.
L'abonné soutenait ce carré de papier.
Sa quatrième page étalait une file
D'annonces de tout genre à remplir une ville :
C'était le Moniteur certain de l'épicier.

Sous nos yeux folâtrait, jeune gloire ignorée,
Un de ses rédacteurs au profil surhumain,
Qui, dans un coin, la taille élégamment serrée,
Près du morne Luchet, que plus rien ne récrée,
Lisait l'épreuve, ayant le prote sous la main.

O deuil ! le bulletin manquait. La politique
N'offrait rien de nouveau cette semaine à l'œil ;
Desnoyers cachait Plée et Plée un spleen unique.
Le mardi ramenait le feuilleton lyrique
Où pleuvaient tristement les phrases de Chadeuil.

*On voyait remuer dans la vieille baraque
Jourdan, qui menaçait les gens de l*'Univers,
*Et, simples rédacteurs qu'un besoin d'être traque,
Saupoudrant leur copie avec la sandaraque,
Dialoguer Husson et Solié, ces pervers!*

*Pelletan, formulant ses âpres théories,
Hélas! n'apportait plus l'éclair de son fanal.
Dauriac, enfoncé parmi les vieilleries,
Tâchait de rafraîchir ses notes défleuries;
Pelloquet, ennuyé, bâillait dans ce journal.*

*Et je dis: « Ce papier, plein de sombres mystères,
A vu des feuilletons comme en fait du Terrail,
Et Dumas et Maquet avec les* Mousquetaires,
*Et ceux dont les journaux se font les tributaires,
Et ce n'est aujourd'hui qu'un sultan sans sérail.*

*Dans ce bureau bientôt envahi par le lierre,
Venaient, copie en main, et riant et chantant,
Ou bien le jeune Plée, ou bien la Bédollière,
Qui du grave Havin, milice familière,
Disaient: « Maître, » en entrant, et « farceur », en sortant*

*Et pour la Bédollière aussi bien que pour Plée,
Le journal contre tous bravement guerroyait.
Les porteurs s'épandaient au matin, troupe ailée,
L*'Union *gémissait, mourante échevelée,
Et Limayrac, prudent, au lointain louvoyait.*

Or, en ces temps fameux, seigneur de sa boutique,
Havin se promenait avec ses rédacteurs.
Il nommait Biéville un immense critique,
Bien plus fort que Sarcey, Lucas un homme antique :
Ces soleils se servaient entre eux de réflecteurs.

Au loin on entendait murmurer dans la presse :
C'étaient d'autres journaux égarés dans le bleu;
La Patrie *et Fournier exhalant leur tendresse,*
Le père Cassagnac, au Pays *qu'il oppresse,*
Disant: « Après mon fils vous aurez mon neveu.»

Biéville et Havin, qu'admire Delamarre,
Marchaient dans leur candeur sans voir les pieds de nez
Qu'on leur faisait du fond astral du Tintamarre...
O douce illusion! ô canards dans la mare!
O pontifes! ô sphinx toujours enchifrenés!

Paris, février 1862.

IV

Les Préfaces de Dumas fils.

> Quel poète morose,
> Est donc ce Dumas fils.
> THÉODORE DE BANVILLE, *Odes funambulesques.*

L'autre jour, sur la route où le soleil abonde,
J'ai rencontré, traînant ses guêtres, Casimir,
Cet acteur chimérique à l'humeur vagabonde,
Long comme un peuplier et fier comme un émir.

Il marchait, en faisant des pas d'un kilomètre,
Effrayant le chemin de fer en son parcours,
Et, comme Eviradnus, en droit de se permettre
De trouver quelquefois les lits d'auberge courts.

Alors, le saisissant au vol par une basque
De son paletot roux, je lui dis: « Cher ami,
Suspends un peu ta course aux ailes de bourrasque,
Et veuille jusqu'à moi te pencher à demi.

Dis-moi, que penses-tu vraiment de la préface
Dont pare Dumas fils son théâtre complet?
— Eh! que diable veux-tu que Dumas fils me fasse,
Répondit Casimir, aujourd'hui, s'il te plaît?

Le soleil sur nos fronts fait éclater sa joie;
L'arbre est gai, les oiseaux sont ivres d'air; l'été,
Superbe et bienfaisant, sur le pré se déploie.
Que me vient faire ici ce poète attristé?

Il est triste! pourquoi, Seigneur? Je le demande!
Quand les roses d'avril ont germé sous ses pas,
Lorsque, tournant vers lui ses regards en amande,
La fortune toujours prit soin de ses repas.

—C'est vrai, fis-je. De quoi se plaint-il? Tous ses drames
Sont acclamés. Sa vie est tout miel et douceur;
Il n'a pas d'envieux. Ceux que nous admirâmes
L'admirent. Hamburger l'appelle un grand penseur.

Nul critique hargneux et chagrin ne le nie,
Il a tous les bonheurs voulus et jalousés:
Le sort, pour lui, jamais n'eut la moindre ironie:
Que de gants sans couture à l'applaudir usés!

Il est riche, il est jeune, et pourtant l'amertume
Perce dans chaque mot qu'il prononce; on dirait,
Quand il foule, en passant, nos trottoirs de bitume,
Un Manfred échappé de sa noire forêt.

Si les heureux du monde ont ainsi la tristesse
Au cœur, et si leurs yeux sont farouches, alors
Que diront donc les gueux, ceux qui n'ont pour hôtesse
Que l'étoile du soir riant de leurs efforts?

Hélas ! que diront-ils, ces pauvres fils d'Icare
Que tout nouvel élan fait retomber meurtris,
Et qui, des cieux rêvés où leur esprit s'égare,
Reviennent parmi nous blêmes, glacés, flétris ? »

Plus pompeux que Maubant quand il fait Théramène,
Casimir s'écria: « Ceux-là, mon fils, riront
A tout ce qui sourit dans la nature humaine,
Au soleil, à l'air pur qui caresse leur front.

Quand soufflera sur eux le vent de la tourmente,
Ils se diront qu'il n'est pas d'éternels hivers;
Qu'après le glas pesant sonne l'heure clémente;
Ils aimeront les fleurs, la musique et les vers.

Ils aimeront Margot, le jour où Cidalise
Se détournera d'eux avec son air moqueur,
Car leur âme est un champ qu'un regard fertilise;
Car le vide jamais n'a sonné dans leur cœur.

Ils aimeront la lutte et la feront sereine;
Ils ne maudiront rien, même s'ils sont vaincus,
Et, s'ils doivent rester étendus sur l'arène,
Ils souriront encore à tous les jours vécus.

Et lorsque, par hasard, une claire embellie
Luira dans leur orage, ils en profiteront:
Ils donneront cette heure aimée à la folie;
Les ennuis, s'il en est, cette heure-là fuiront.

Ils auront, en un mot, la gaîté que dédaigne
Le sultan ennuyé, sceptiquement railleur,
Dont l'orgueil se torture à chaque instant et saigne;
C'est le lot des oiseaux, ami, c'est le meilleur !»

Là-dessus, Casimir, se drapant dans sa cape,
S'éloigna d'un air digne, ainsi qu'un bon rimeur
Happant les vers au vol et doublant son étape
En trois pas, sans souci de l'humaine clameur.

Panticosa, juillet 1868.

V

Rondels.

I.

Pour la bonne Amie.

Venez qu'on vous baise, mon cœur,
La nuit est doucement venue,
Et là-haut, derrière la nue,
La lune pâme de langueur.

Quittez vite cet air moqueur,
Çà, ne faites plus l'ingénue,
Venez qu'on vous baise, mon cœur.

Oui, non, suis-je votre vainqueur ?
Pourquoi tant de retenue ?
Avez-vous peur que diminue
Ma tendre et constante vigueur ?
Venez qu'on vous baise, mon cœur.

II.

Sur Thérèse.

Thérèse est blonde, elle a raison.
Avec ses sourcils noirs, Thérèse
A la lèvre couleur de fraise,
Et puis des jasmins à foison.

Sa poitrine dans la prison
De la chemise bat à l'aise.
Thérèse est blonde, elle a raison.

On aime à lui parler, mais on
Craint ses yeux ardents comme braise.
Moins qu'une fauvette elle pèse :
Son babil emplit la maison.
Thérèse est blonde, elle a raison.

III

La Route à suivre.

Allons avec les amoureux,
Leur route est la meilleure encore.
Quand en avril le ciel se dore,
Quand l'oiseau chante, c'est pour eux.

Surchargé d'ennuis ténébreux,
Mon cœur à l'espoir veut éclore,
Allons avec les amoureux.

La haine, les soucis véreux,
Cela nous ronge et nous dévore.
Au bois que le printemps décore
Les ramiers sont vraiment heureux.
Allons avec les amoureux.

IV

Les Moineaux.

Qu'ils sont jolis, les moineaux francs,
Les effrontés, que je les aime!
Peuple insoucieux et bohème,
Ils sont crânes et conquérants.

Petits, ils se moquent des grands.
Ils nargueraient l'aigle lui-même,
Qu'ils sont jolis, les moineaux francs!

Sous les vastes cieux transparents
Que la nuit d'étoiles parsème,
Le rossignol dit son poème.
Gavroches au soleil errants,
Qu'ils sont jolis, les moineaux francs!

V.

Dans la Coulisse.

Scapin, mets ton habit rayé.
Pour te voir les poings sur les hanches
Arpenter à grands pas les planches,
Ce soir les bourgeois ont payé.

Le gai printemps s'est déployé,
Tendre et reverdissant les branches;
Scapin, mets ton habit rayé.

Pourquoi donc cet air ennuyé?
La coquette aux yeux de pervenches
A, de ses petites mains blanches,
Fait saigner ton cœur effrayé;
Scapin, mets ton habit rayé.

VI

Envoi

A Valéry Vernier.

Vive la Muse et les rimeurs!
O mon ami, nous sommes sages
De fuir dans les bleus paysages
La prose vaine et ses clameurs.

Aimons les gentils écumeurs
De lys, d'étoiles, de feuillages.
Vive la Muse et les rimeurs!

Pour les donner aux imprimeurs,
Écrivons nos vagabondages
Sans fin au pays des nuages.
S'il ne faut plus rimer, je meurs.
Vive la Muse et les rimeurs!

Bayonne, novembre 1867.

VI

Lamento.

A ARMAND GOUZIEN.

Le ciel ne se fait plus rôtisseur d'alouettes
Depuis de nombreux jours,
Et nous chantons en vain sur nos lyres muettes
Des chansons pour les sourds.

Nos paletots s'en vont, combattants d'un autre âge,
Vers des bords inconnus.
Et nos chapeaux rasés comme un dernier outrage
Font voir nos crânes nus!

Rien de cela n'est gai, surtout lorsque les choses
Se compliquent encor
Par les méfaits nombreux d'une amante aux doigts roses
Éprise d'un ténor.

Sa lèvre était divine et, par son abondance,
Son corsage étonnait;
Mais ses cheveux crêpés conviaient à la danse
Les fleurs de son bonnet.

Le bonnet a dansé comme dansent les gueuses
   Qu'on rencontre à Bullier,
Si bien qu'il a sauté, dans ses valses fougueuses,
   Par-dessus l'espalier.

O dieux ! quel front charmant. Sa bouche fraîche et ronde
   Riait d'un air divin,
Et jamais on n'a pu voir de tête aussi blonde...
   —*Tiens ! parlons de Havin.*

Jure-moi que l'esprit français dans sa boutique
   A trouvé le trépas ;
Débinons entre nous cet homme politique
   Que je ne connais pas.—

J'ai la rose en horreur, car sa lèvre était rose,
   Et je hais le jasmin,
Car sa blanche couleur, sur qui l'œil se repose,
   Est celle de sa main.

Hélas ! elle a donné tout cela, ma compagne,
   Entièrement donné.
Hélas ! pour l'anneau d'or du comte de Saldagne,
   Je suis abandonné !

Verse des pleurs, mon frère, imite les fontaines
   Qui sont dans leur emploi ;
Quant à moi, je poursuis mes courses incertaines
   Au hasard, devant moi.

Ah! si j'étais bâtard d'un roi de la finance,
 Comme avec volupté
Je saurais mettre un terme à la longue abstinence
 Dont je suis embêté !

Hélas ! je ne suis rien que le fils d'un gendarme
 Et je rime des vers !
Sûr moyen pour offrir contre mes mœurs une arme
 Au peuple des pervers.

Non, sérieusement, toute chose me navre;
 Sans femme, sans un sou,
Je suis joyeux autant que peut l'être un cadavre
 Dans le fond de son trou.

Eh bien, abuse un peu de la vaste influence
 Que t'accordent les grands,
Et par un sénateur d'une belle nuance
 Fais-moi prêter cinq francs !

Sézanne, juillet 1863.

VII

Gautier à l'Académie.

*L'Académie était une masure au centre
De la ville. Paris la portait sur son ventre
Comme on porte un bijou grotesque au bal masqué,
Un sarcophage obèse ayant l'air efflanqué;
Les degrés étaient vieux et la porte était laide.
Quand Alphonse Lemerre, en notre siècle l'aide
Et le Vincent de Paul des rimeurs, entra pour
Insulter le portier qui balayait la cour,
Il vit un homme noir qu'il prit pour un notaire.
Cet homme était bien mis et d'un aspect austère:
Gilet noir, habit noir, souliers noirs, pantalon,
Chapeau, tout était noir, moins la cravate. L'on
Se disait: « Maître un tel ! » En le voyant, Lemerre,
Sans même l'honorer d'un bonjour éphémère,
Lui dit: « Hé ! Plumitif, montre-moi le Portier...
— C'est à droite, fit l'homme avec douceur.*

*— Gautier !
Quoi ! s'écria Lemerre, est-ce vous ? Vous qu'on nomme
Dans le camp romantique un vaillant, un prud'homme ?
Vous, le beau chef de clan, c'est vous qu'ainsi je vois
Venant piteusement solliciter les voix*

De ces spectres que l'aube atrophie et menace?
Seigneur! quand je vous vis, moi, libraire au Parnasse,
Vous étiez le Gautier héroïque et puissant,
Le maître chevelu, le lion rugissant;
Vous n'aviez, ô Gautier! qu'à publier un livre
Pour que dans tous les rangs de la presse on fût ivre.
Baudelaire chantait votre nom; Saint-Victor
Admirait votre front de Jupiter Stator;
Banville vous jetait des roses au passage;
Vous étiez l'impeccable et le souverain sage;
Même les gens obscurs qu'épouvantent les vers,
Les Veuillot, les Magnard, tous ces êtres pervers
Devant vous refermaient en grognant leur mâchoire;
Tant vous apparaissiez comme dans une gloire.
Hugo planant, superbe, auguste et radieux,
Dans l'azur idéal où sont les demi-dieux,
Vous étiez le premier de tous. Votre bannière
Faisait rentrer les vieux d'à côté dans l'ornière.
Ah! vous étiez vraiment un Gautier flamboyant;
Et qui vous avait vu s'en revenait ayant
La joie au cœur et prêt à braver les tempêtes. »
Gautier dit: « *Je n'étais là que chez les poètes.*

—Mais, fit Lemerre, quoi? Que s'est-il donc passé?
J'arrive et je vous vois tout roide et compassé,
Parlant bas, tout de noir habillé, l'air timide
D'un enfant qui revêt sa première chlamyde,
Faisant rimer tambour *avec* gouvernement,
Vous dont la rime avait l'éclair du diamant!

Vous trouvez tout aimable, et vous vous laissez dire
Par tous ces refroidis indignes de vous lire:
« Ah! jeune homme, c'est vous! Bien, je sais ce que c'est! »

— Fils, dit Gautier, je suis maintenant chez Doucet. »

Beaumesnil, mars 1870.

VIII

Santissimo Carnevale.

C'est bien, nom d'un polichinelle!
Les cœurs deviennent d'amadou:
Voici qu'en la ville éternelle
Saint Veuillot court le guilledou.

L'ombre de Chicard se profile,
Saint-Pierre, sur ton escalier,
Et le sacré conclave file
Chercher la lumière à Bullier.

Zut pour le concile!—Clodoche
Au cardinal Antonelli
Vient de flanquer une taloche
En l'appelant: « Mon Bengali! »

Santissimo Carnevale.

Muse! le carnaval de Rome
Agite ses grelots, viens-t'en :
A coups de bonbons on assomme
Gilles, marchands d'orviétan.

Déguisons-nous ; dans la cohue
Courons avec les masques... mais
Quel est ce fantoche qu'on hue ?
Tu ne devinerais jamais.

C'est notre cher Veuillot lui-même !
Les pois secs ont crevé son loup.
Il crie : « Eh ! viens donc, face blême ! »
Au camarade Dupanloup.

Veuillot danse ! Veuillot s'amuse !
Puisqu'il l'écrit à l'Univers,
La chose est véridique. O Muse !
Je crois qu'il marche de travers.

Il gambade, il est écarlate,
Il fume dans un calumet ;
Arlequin sur son omoplate
Saute ! Veuillot a son plumet !

Avec des gestes déshonnêtes
Et de bruyants éclats de voix,
Il récite à des Marinettes
Un tas de madrigaux grivois.

L'Angelus sonne, lent, austère;
Lui, secouant son tibia,
Chante les Pompiers de Nanterre
Qu'il prend pour l'Ave Maria.

Singeant une attitude équestre
Sur l'épaule de Frétillon,
Il cherche à conduire l'orchestre
En agitant son goupillon.

« Le concile, c'est des bêtises,
Dit-il à Nérine. L'amour
Vaut mieux auprès des verts cytises
Où broute le bouc tout le jour.

Nérine, viens, ô ma folie!
Sois mon guide, sois mon flambeau!
Nous affranchirons l'Italie.
Je suis grêlé, mais je suis beau.

Vive Garibaldi! je l'aime!
Noble cuir que mon poing tanna,
Je lui donnerai ce soir même
La revanche de Mentana!

Labre est un gâteux. Qu'on le mène
Bien vite au bain à quatre sous.
Quant aux miracles de Germaine...
Je t'en montrerai les dessous!

Ça m'embête, toutes ces frimes,
Et je veux les répudier.
Je vais jouer les pères-grimes
Dans la troupe de Meynadier.

Oh hé! partant pour la Syrie!...
Je m'amuse comme un préfet
Et veux te donner, ma chérie,
Le beau portrait que Gill m'a fait!

Il est plein d'une grâce étrange:
Deux ailes aux blancheurs de lin
Ornent mon dos. J'ai l'air d'un ange
Dressé par Rossignol-Rollin. »

C'est ainsi qu'au milieu des masques
Veuillot marche sur les deux mains,
Et, par ses harangues fantasques,
Étonne les fils des Romains.

« *Veuillot, cela me désespère,* »
Lui dit le pape, par instants,
Et Veuillot répond au saint-père:
« *Bah! la jeunesse n'a qu'un temps!* »

Beaumesnil, mars 1870.

IX

Qu'est-il devenu?

> Canaris! Canaris! nous t'avons oublié!
> — Victor Hugo, *Chants*
> *du Crépuscule.*

« *Nuages qui passez, répondez-nous! réponds,*
O pêcheur à la ligne installé sous les ponts!
Fleuve, réponds! Réponds, bois! Réponds aussi, pierre,
    Qu'est devenu Sipière?

Nous avons, comme en juin, comme en octobre, été
Sublimes, assommant les gens avec gaîté,
Cassant les bras, cassant les têtes, pleins de zèle,
Sans craindre de salir nos gants de filoselle.

Hélas! où donc est-il celui qui décuplait
Notre ardeur au travail? Répondez, s'il vous plaît,
O prélats assemblés, trône où s'est assis Pierre,
    Qu'est devenu Sipière?

Nous avons arrêté des écrivains, des scieurs
De long; des menuisiers en chambre, un tas de sieurs,
Dont le dénombrement fatiguerait Homère,
De la Villette jusqu'en ton sein, rue Aumaire!

*Mais notre Manteau Bleu nous manque. Avons-nous eu
Moins de flair? Le complot lui sembla mal cousu
Sans doute. Du Miral, ouvre-nous ta soupière
         Pour y chercher Sipière . . .*

*Nous sommes les sergents de ville, les agents
De la force, aux regards froids et décourageants.
Impartiaux, la Loi, pour nous c'est la consigne;
Le Code: être carrés dans les rapports qu'on signe!*

*Et nous avons été carrés, plus que Michel.
Les cieux interrogés dans les tubes d'Herschell
Ne nous découvrent rien. Mais dans quelle taupière
         Se cache donc Sipière?*

*Nous laissons opérer doucement les filous,
Ceux que Dieu fit renards comme ceux qu'il fit loups;
Car il faut débrouiller tous les fils qu'on pelote
Pour enlacer Paris dans l'ombre où l'on complote.*

*Il ne nous a pas vus à l'œuvre cette fois!
Le faudra-t-il filer? Où donc est-il? à Foix,
A Nice, à Carpentras, à Vesoul, à Dampierre?
         Où donc trouver Sipière?*

*Nous avons bien agi cependant. L'ouvrier
Se souviendra longtemps du second février,
Car nous avons donné si fort à la Chapelle
Que notre noir bicorne, ainsi qu'un vieux chat, pèle.*

*Nous sommes le barrage, après la crue ôté,
Qui préserva Paris des flots. O cruauté
Du Destin qui nous taille une telle croupière!*
   Pourquoi céler Sipière?

*Oh! les dix mille francs d'antan! Vingt sous à l'un,
Cent sous à l'autre, assez pour aller à Melun
Manger une friture à l'ombre un clair dimanche,
Et reposer nos bras qu'un dur labeur démanche.*

*Reviens pour nous donner du courage à la main,
Toi, notre guide aimé, notre étoile, où demain
Planera sur ton front l'ombre de Robespierre!*
   Chasse-la, bon Sipière!

*A-t-il fait pacte avec les fils de Madian?
Est-il républicain? serait-il fenian?
Non! c'est à peine si l'allumette amorphe ose
Même en rêve éclairer cette métamorphose!*

*Dans les bouchons où l'on donne du thé sans thé
Nous buvions si gaîment jadis à ta santé!
Sont-ce les cuirassiers, ces traîneurs de rapière,*
   Qui t'ont séduit, Sipière?

*Reviens, nous avons soif, arroser notre bec.
Mais quoi! c'est comme si nous jouions du rebec;
Rien ne vient; nous séchons sous nos rudes écorces...
O du Chaillu! l'Afrique est dans nos gosiers corses!*

Écus, même du pape, écus que l'on troquait
En chœur sur le comptoir d'étain du mastroquet,
Tout en faisant de l'œil à la brune tripière,
  Où vous garde Sipière?

Ainsi donc tout s'en va: religion, pudeur;
Sipière, qui l'eût dit, trompe notre candeur.
Que veut-on maintenant, terre et cieux, que l'on fasse?
Grande ombre de Javert, oh! voile-toi la face. »

Tel chantait sur un banc un agent enrhumé,
Mais rien n'attendrissait, ni son nez enflammé,
Ni son œil ému, ni les pleurs de sa paupière,
  L'insensible Sipière!

Brionne, mars 1870.

X

Mademoiselle Giraud.

L'autre soir, dans une avant-scène
Du Gymnase, j'ai, de mes yeux,
Vu, montrant sa pâleur malsaine,
Une femme à l'air soucieux.

Et j'ai, non sans quelque surprise,
A ses yeux noirs, tel qu'un brûlot,
Droite en sa toilette cerise,
Reconnu ta fille, ô Belot!

C'était bien elle (dix-huitième
Édition chez E. Dentu)
Mademoiselle Giraud, même
Port impérieux, œil battu.

Mais les traces de la brûlure
Que laissent les pleurs enflammés
La marbraient. Dans sa chevelure
Des fils d'argents étaient semés.

Elle était, vieillesse précoce,
Qu'à peine la poudre de riz
Masquait, plus sèche qu'une cosse
Après le marché de Paris.

Le Temps d'un effrayant coup d'aile
L'avait effleurée en son vol.
Cependant je m'approchai d'elle
Comme pour causer de Landrol.

Seigneur! comme elle était changée
Cette dame aux goûts dissolus!
N'était sa prunelle enragée
On ne la reconnaîtrait plus!

Vierges que notre Baudelaire
Montrait, dans son rhythme d'airain,
Expirantes sous la colère
D'Éros, jaloux et souverain ;

O Faunesses et Satyresses
Gardant sous la fraîcheur des bois
L'ardeur des torches vengeresses
Qui brûlaient vos cœurs aux abois ;

Poétesses de Mitylène
Qui chantiez vos odes auprès
De la mer folle, et dont l'haleine
Ardente embrasait les cyprès,

Était-ce vous, cette bourgeoise
Qu'on eût dite remorquée où
Vont les notaires de Pontoise
De l'hymen serrer le licou ?

Elle me conta son histoire
Et comment elle avait quitté
Son nom, par ennui de la gloire,
Pour celui de MAJORITÉ.

Son époux, un jeune homme austère,
Raide sur l'article des mœurs,
Était un certain MINISTÈRE,
Que n'effrayaient pas les clameurs.

Tout d'abord, son humeur jalouse
Avait soupçonné, bien à tort,
Des hommes en casquette, en blouse,
Des Gambetta, des Rochefort.

« Je riais, me disait la dame,
En le voyant, dans sa fureur,
Crier ainsi qu'un cerf qui brame,
Et je prolongeais son erreur.

Hélas ! dans mon rêve endormie,
Je fus réveillée un matin,
Il me sépara de l'Amie
A qui m'a jointe le destin.

Et j'ai dû, cédant à la force,
Souriant à travers mes pleurs,
Consentir à l'affreux divorce
Qui brisait nos deux âmes sœurs !

Mon époux maintenant m'achète,
Pour me plaire, un tas de chiffons :
Mais, chut ! je sais une cachette
Dans les départements profonds,

Où, fureur ministérielle,
Je te braverai près de ma
CANDIDATURE OFFICIELLE,
L'ange dont l'amour me charma,

L'être dont le regard m'enivre,
Pur comme un lac aérien,
Et sans qui, renonçant à vivre,
Je pâlis et ne suis plus rien!

Mais elle m'attend, mon idole,
Là-bas, au delà de Cognac,
Elle m'ouvre les bras, j'y vole
Chez mon bon oncle Cassagnac.

Bernay, avril 1870.

XI

Églogue.

ROUHER, OLLIVIER, BELMONTET.

Le crépuscule vient et l'astre impérial
Se couche à l'horizon d'un air tout spécial.
Sa lueur dore encor le chaume de l'étable,
Où le veau de Calvet pousse un cri lamentable.
Calme aux cieux et sur terre! Heure d'apaisement
Où l'on entend, mêlés au doux bruissement
Du feuillage à venir, ces mots : « A la clôture! »
Tout repose et sourit dans l'immense nature,

Et respirant en paix, loin des regards méchants,
Ollivier et Rouher, ces héros de mes chants,
Fument leur pipe, assis à l'ombre des guérites.

Pour décerner le prix qu'on doit à leurs mérites,
Ayant levé le ban avec l'arrière-ban
Des gens doctes, ils ont choisi dans Montauban
Le sage Belmontet, Palémon de nos âges,
Et leurs chants alternés charment les paysages.

Rouher.

O divin Belmontet, l'abeille de Platon
Dès le berceau baisa tes lèvres, nous dit-on.

Ollivier.

Luce de Lancival tressaille dans sa tombe
Chaque fois que ta rime au bout d'un vers retombe.

Rouher.

Sois juge entre nous deux et dis-nous sans gauchir
Celui devant lequel le genou doit fléchir.

Ollivier.

Dis-nous celui qu'un dieu dans tous ses vœux exauce
Et qu'un juste renom jusqu'aux astres exhausse.

Rouher.

Schneider m'en est témoin, jamais je ne manquai
D'aplomb. Nul ne me vit un jour interloqué;
Nul n'a su mieux que moi, dans cette époque terne,
Dire qu'une vessie était une lanterne.

Églogue.

Ollivier.

Moi, j'ai trouvé le truc de la aémission
Offerte à tout propos ; la bénédiction
Paternelle tombant d'en haut sur ma calotte
Et touchant Darimon jusque dans sa culotte.

Rouher.

Mes discours résonnaient comme sur un billot.
On disait de moi : « Non mutatus a Billaut ! »

Ollivier.

Moi, ma phrase glissant sournoise et clandestine
A le tranchant qu'Heindreich veut à sa guillotine.

Rouher.

Et ma sagacité profonde présuma
Que par son testament le vieux Montézuma
A Maximilien concédait le Mexique.

Ollivier.

Pour moi, sans consulter testament ni lexique,
J'ai trouvé « le complot introuvable, » ce fort
Épouvantail, et j'ai fait coffrer Rochefort.

Rouher.

Ai-je fait moins que toi coffrer de journalistes ?

Ollivier.

En deux mois ? Allons donc ! Tiens, regarde mes listes.

Rouher.
C'est que les dieux t'ont fait venir au beau moment.

Ollivier.
Enfin j'ai rétabli notre ancien parlement.

Rouher.
S'il faut causer de ton... machin parlementaire,
Je dois, quand de ceci chacun parle, m'en taire.

Ollivier.
J'ai Piétri pour moi...

Rouher.
          Je l'eus, comme l'aura
Le ministre qui doit venir quand éclora
L'aube du jour fait pour éclairer ta culbute.

Ollivier.
Ma culbute ? Insensé ! prends garde : je me butte
Où je suis, et ne crains ni balais ni leviers.

Rouher.
Un souffle de mistral abat les oliviers.

Ollivier.
Porte tes calembours au Sénat, dont tu scalpes
Les crânes, dénudés comme un sommet des Alpes.

Rouher.
Ton Corps législatif, quelque chose, vraiment !

Ollivier.

Et ton Sénat ? Encore un joli monument !

Rouher.

Allons ! pas de gros mots, marchand de bouillabaisse.

Ollivier.

Silence ! porteur d'eau qui fais venir la baisse !

Le sage Belmontet.

Enfants, vos chants sont doux et ravissent mon cœur.
L'un vaut l'autre. Chacun a droit d'être vainqueur
En ce tournoi galant qui, du Havre à Mysore,
Rappelle les beaux jours chers à Clémence Isaure !
Chantez, enfants ! la voix du luth mélodieux
Est douce aux empereurs comme elle est douce aux dieux.
Ollivier a la force et Rouher a la grâce.
Partagez-vous tous deux cette génisse grasse
Et ces fruits savoureux que Philémon Fouquet
(De l'Eure), un bon votant, très-fort au bilboquet,
Cueillit exprès pour vous dans sa belle Neustrie.
Pour moi, je chanterai d'une voix attendrie
Pendant que vous irez ensemble travaillant :
« Honneur à la plus belle, amour au plus vaillant ! »

Beaumesnil, avril 1870.

XII

Les Rois s'en vont.

O bonheur ! plus de rois ! La chose est décidée,
Rien que des empereurs. Oh ! quelle veine ! Ni
Hommes ni femmes, tous empereurs ! Débridée,
La Révolution crie aux rois : « C'est fini ! »

Les peuples sont joyeux. La tyrannie antique
A dit son dernier mot. Le Reichstag (prononcez
Sans trop d'effort) est prêt à fermer la boutique
Où les rois à tout prix se trouvaient entassés.

Les birbes du Rœmer ne se sentent pas d'aise.
Barberousse en a fait hier un calembour
Qu'envîrait Cham, et, las de ronfler sur sa chaise,
A risqué deux florins au kursaal de Hombourg.

Et même il a perdu cette somme. La banque
A payé son retour en troisième jusqu'à
Francfort, l'impériale et fière ville où manque
Maintenant le dôme où tout César se casqua.

Tous les Fritz, les Albrecht, les Rudolph chimériques,
Noms rauques qui servaient à rincer les flacons,
Gonflés de joie ainsi que de vieilles barriques,
S'accoudent sur le fer ouvragé des balcons.

Le roi Guillaume est mort C'est l'empereur Guillaume
Qui lui succède et tient le globe reverni
De Charlemagne, et va demain, coiffé du heaume,
Nous dire un monologue imité d'Hernani.

Bressant le doit souffler le soir de la première.
La répétition est bonne, mais on sent
Que Wilhem dit le vers : « Et foyez la boussière
Gue fait ein embéreur ! » avec un peu d'accent.

Qu'importe ! Nous avons un César, quelle ivresse !
On en manquait. Vraiment rien que trois, c'était peu.
Car le sultan, que le Bosphore avec paresse
Balance, ne pouvait guère entrer dans le jeu.

Donc, réjouissons-nous ! Liégeard, ô Tityre
Empirique, saisis ton luth ! Manants épais,
Écoutez-tous ! Ainsi que chante le satyre,
« Un roi, c'est de la guerre. » Et l'empire est la paix !

Plus de guerre à présent. Chassepot, inutile,
Rentre dans ses foyers et dirige le bœuf
A travers les sillons de la plaine fertile,
Sous l'œil patriarcal du maréchal Le Bœuf.

Et nous ne voulons pas en rester là. L'Espagne
N'a pas mis à la porte Isabelle pour rien ;
Voici que les cortès vont entrer en campagne
Pour se procurer un César ibérien !

Victoria se fait impératrice. L'aigle
Ne sait sur quel blason il perche maintenant.
L'empire n'allant pas sans aigle, c'est la règle,
Cet oiseau carnassier est d'un prix étonnant.

Victor-Emmanuel, empereur d'Italie,
Dit : « Mon frère » au César des Grecs. Il tend les mains
Au kaiser de Bavière, et, repentant, s'allie
Avec Pio Nono, l'empereur des Romains.

Le Danemark, empire ! Empire, la Suède.
Hamburger l'annonçait au café de ce nom,
Et cet acteur, plus beau que ne fut Ganymède,
En brandissait dans l'air son casque et son pennon.

Le signal est donné. Comme en quatre-vingt-douze
L'Europe dit aux rois : « Allez-vous-en ! » Bismarck,
Ce héros qu'Ollivier, notre Ollivier, jalouse,
Mit, le premier, le trait régicide à son arc.

Un Valaque est venu chercher de la garance
Dans Avignon, afin de teindre le manteau
Rouge de l'empereur qui fait son espérance.
Un empereur par bourg, par ville et par château !

Et voici qu'au moment où j'achève cette ode
Palpitante d'amour, de joie et de terreur,
J'apprends que Monaco, se mettant à la mode,
Confère au père Blanc le titre d'empereur!

Cloches, carillonnez! Tonnez, canons! l'empire,
C'est les cortéges, c'est les panaches hautains,
Les grades, les cordons où tout grand cœur aspire,
Les chambellans tenant la clef de nos destins!

O splendeurs dont l'éclat divin me ravigote,
Brillez, éblouissez-moi ces Américains
Qui mettent à leur tête un homme en redingote
Et ne sont les sujets de rien, peuples mesquins.

Renards matois ayant soin de cacher leur queue
Et qui, devant la pompe auguste de nos cours,
Disent: « Manteau de pourpre ou robe à frange bleue,
Empereur ou bien roi, c'est un maître toujours! »

Et ne comprennent pas ce bonheur ineffable
De pouvoir contempler, en regardant le ciel,
Son empereur vêtu comme un dieu de la fable,
A cheval sur le Louvre en bronze officiel!

Serquigny, avril 1870.

XIII

Rouher triste.

Accoudé, ce matin, devant un litre à douze,
    Seul dans le cabaret,
Tordant fiévreusement un des coins de sa blouse,
    Le bon Rouher pleurait.

Ce n'était plus cet aigle à la vaste envergure
    Des monts neigeux sorti,
Hélas! et l'on disait, en voyant sa figure:
    « Comme il est décati! »

Et certes, il l'était; des rides insensées
    Se creusaient sur son front,
Pareilles aux torrents où les biches pressées
    Se désaltéreront.

« Il en est, disait-il, cet Ollivier! Il siége
    Où siégea Colardeau;
Il peut boucler avec ses doigts couleur de neige
    Les cheveux de Sandeau;

Dire à Nisard : « Mon vieux ! » et d'une voix brève, entre
    Ses loisirs du Creuzot
Venus, tutoyer Thiers et taper sur le ventre
    Austère de Guizot.

Académicien ! l'être, c'était mon rêve,
    Ma chimère, mon but ;
Les Immortels qui pour moi s'étaient mis en grève
    L'ont pris dès son début.

Il peut mourir, il peut aller où tout retombe,
    Les grands et les petits,
Son successeur doit faire entendre sur sa tombe
    Quelques mots bien sentis.

Qui fera mon éloge à moi ? Je me sens triste
    D'y songer seulement.
Hélas ! je m'éteindrai morne comme un trappiste,
    Sans bruit, sans boniment !

Sans qu'on dise : « Rouher fut grand, Rouher fut digne,
    Son trépas met en deuil
La France, et c'est pour nous une faveur insigne
    Que d'user son fauteuil ! »

Voilà ce qu'on dira d'Ollivier qui tartine
    Déjà son compliment,
Fait pour causer là-haut, sans doute, à Lamartine
    Un fort étonnement.

Pourvu qu'à tant d'honneurs sa cervelle résiste,
  Et qu'au beau milieu du
Cénacle, il n'aille pas s'attacher à la piste
  De son complot perdu.

Car il peut arriver, ma terreur en est grande,
  Mais juste, qu'un matin
Il vienne requérir la prison et l'amende
  Contre le doux Patin ;

Qu'il appelle Doucet démagogue ! La force
  Étant dans son poignet,
Il va faire saisir par Cervoni le Corse
  Son collègue Mignet.

Quand Legouvé, chantant le Mérite des femmes,
  Nous lira quelques vers,
Ollivier s'écrîra : « Ces ouvrages infâmes
  Offensent l'univers. »

L'Institut, cet asile où l'existence glisse
  En charmants nonchaloirs,
Va voir soudainement les agents de police
  Envahir ses couloirs.

Puis, lorsque Gambetta, terrifiant la Chambre
  Par ses mâles accords,
Fera surgir le spectre effrayant de Décembre
  Et vengera les morts,

Ollivier lui dira : « Cher collègue, j'admire
Votre conte badin.
Comme vous peignez bien Aglaure et Lindamire
Errant dans un jardin !

Rochefort est un homme adorable. Sa Muse
Folâtre si gaîment !
C'est comme un papillon qui dans les fleurs s'amuse
Et fuit légèrement ! »

C'est ainsi que Rouher soulageait sa belle âme
Pendant que le Printemps,
Ivre déjà d'amour, de jeunesse et de flamme,
Veillait aux nids chantants;

Et que, sans se douter qu'il existât au monde
Des Immortels palmés,
On voyait vers le bois fuir la brune et la blonde
Avec leurs bien-aimés.

Car, que maître Ollivier fasse ou non la conquête
Des vieux aux chefs penchants,
Qu'est-ce que tout cela, comme dit le poète,
Fait à l'herbe des champs ?

Beaumesnil, avril 1870.

XIV

Confession.

Émile.

Les actions de tout grand homme
Réclament le grand jour; or comme
Je suis un grand homme, je veux
Vous faire ici tous les aveux
Qu'il vous plaira sur ma conduite;
Vous expliquer par quelle suite
De glorieux événements,
Oubliant mes commencements,
Je me suis fait ministre à poigne.
Allons! entrez vite en besogne.
Mes actes n'ont rien de secret.
Interrogez-moi : je suis prêt.

Le Chœur.

Pourquoi, fils de la République,
N'avoir pas sans manœuvre oblique
Reconnu l'Empire naissant ?
C'eût été franc. Mais non, baissant
Les yeux ainsi qu'une dévote,
Tu vins surprendre notre vote,
Furtif, marchant à petits pas.

Émile.

Cela ne vous regarde pas.

Le Chœur.

Très-bien ! Mais pourquoi ces centaines
D'hommes, ô fils de Démosthènes !
Se lamentant dans les prisons ?

Émile.

Je garde pour moi mes raisons.

Le Chœur.

Quel est ce complot chimérique
Dont on rit jusqu'en Amérique,
Dédale où notre esprit se perd,
Mais qui fait l'atelier désert,
Les enfants orphelins, les femmes
Tristes près de l'âtre sans flammes,
Et l'innocent aux fers jeté ?

Émile.

C'est trop de curiosité.

Le Chœur.

Et ce ministère homogène,
Où Buffet, que son habit gêne,
Dit à Daru : « Si nous filions ? »

Émile.

Ayant la force des lions,
Je méprise comme eux la meute
Des roquets que mon calme ameute.

Le Chœur.

Mais ces promesses magnifiques,
Ces lois sages et pacifiques
Dont chacun se léchait les doigts :
Sécurité pour tous, nos droits
Reconnus, et la presse esclave
Secouant sa dernière entrave ?
Quand aurons-nous la liberté ?

Émile.

A Pâque ou à la Trinité.

Le Chœur.

Ces explications sont franches
Et font pousser des ailes blanches
Sur ton dos séraphique ; mais
Nous griser avec les fumets
Des plats qu'on mange ailleurs, nous tendre
La perche et puis nous la reprendre,
Et faire briller à nos yeux
Un miroir artificieux,
Sont-ce là des moyens honnêtes ?

Émile.
Je me drape dans mes lunettes.

Le Chœur.
On se drape dans ce qu'on peut.
Mais qu'est-ce, ô toi que rien n'émeut,
O le plus joli des quarante,
*Que l'*ACTIVITÉ DÉVORANTE
Que les préfets vont déployer ?

Émile.
Vous commencez à m'ennuyer.

Le Chœur.
Nos députés s'en allant paître
Auprès de leur garde champêtre,
Cela nous semble inquiétant.
De tous les côtés on entend
Dire que la candidature
Officielle, qu'en pâture
On nous donna le dernier mois,
Va refleurir ainsi qu'au bois
La violette et la pervenche.

Émile.
Dans le dédain je me retranche.

Le Chœur.
Le Plébiscite, grâce auquel

Tu pus citer Machiavel,
Et d'autres cascadeurs ! j'implore
Sur cette chose au nom sonore
Quelques mots d'éclaircissement.

Émile.

Attendez un autre moment.
Ma conduite est nette et loyale.
Dans ma franchise impériale
J'ai tout expliqué, mis à jour.
Maintenant, c'en est assez pour
Aujourd'hui. Que l'on se retire !

A Phillis, qu'on n'a pas encore vu.

Et si le public osé dire
Qu'il n'en a pas pour son argent,
Ma foi, c'est qu'il est exigeant.

PHILLIS applaudit La farce est jouée.

Honfleur, mai 1870.

XV

Faits regrettables.

Monsieur Glandaz l'a dit : « C'est un fait regrettable ! »
　　　C'est convenu. Voilà
Le mot qui doit couvrir d'un voile respectable
　　　Les maux qu'on dévoila.

Crimes, fléaux sans nombre étalant sur la terre
　　　Leur aspect repoussant,
La trahison, le meurtre effroyable qu'altère
　　　Chaque verre de sang,

La guerre aux noirs clairons sonnant avec démence
　　　L'incendie et la mort,
Les peuples s'égorgeant dès que le jour commence,
　　　Gaîment et sans remord,

Faits regrettables, rien de plus ! Ce n'est sans doute
　　　Pas cela qu'on voudrait ;
On souhaiterait mieux peut-être sous la voûte
　　　Où le soleil paraît.

Le code du bon goût, consulté sur ces choses,
Vous répondrait que l'on
Permet fort rarement des jeux aussi moroses
Dans un noble salon;

Mais que si, par hasard, quand sous les girandoles
Vous réunit l'Hiver,
Quelqu'un lâche parmi les chants, les danses folles,
Un coup de revolver,

Où chourine un voisin en se mettant à table
Pour une mouche, eh bien,
Il en faut convenir, c'est un fait regrettable;
Mais qu'y pouvons-nous? — Rien.

Donc soyons tous joyeux maintenant. Plus de crimes,
De misère : des faits
Regrettables! Glandaz, d'un seul mot tu supprimes
Le mal et ses effets.

On étouffe à Mazas; des pères de famille
Sanglotent loin des leurs:
Sans doute, c'est fâcheux; mais la vie en fourmille
De ces petits malheurs!

La faillite menace et l'huissier noir s'apprête;
Mais qu'est cela si l'on
Réfléchit que Haussmann pour reposer sa tête
N'a pas un moëllon

Dans Paris, et qu'il doit établir sa masure
 Sous des cieux étrangers
Dont le reflet, changeant la mer en lac, azure
 Le pied des orangers !

C'est un fait regrettable aussi. Les baronnies
 Antiques subissant
Les jeux du sort et les farouches ironies
 Du mistral mugissant !

Le Saint-Père devient faux-monnayeur, et certe !
 C'est, je l'avoue, un fait
Regrettable. Veuillot même a la bouche ouverte
 Pour répondre : « En effet ! »

Magnard n'est pas Flaubert. C'est un fait regrettable,
 Regrettons-le ! Barbey
Dit : « Ce Victor Hugo, si triste et lamentable,
 C'est moi qui le tombai ! »

Penoutet, que la Lyre auguste et la Peinture,
 Ces arts associés,
Adoptaient, passe, grâce à sa haute stature,
 Parmi les cuirassiers,

Et Sardou, maîtrisant la chimère suivie
 Avec des rênes d'or,
Pioche et crève le cœur enfiellé de l'envie ;
 Fait regrettable encor !

Le prince impérial répétant On demande
      Un gendre, chez Plunkett,
Par Kalekaire s'est vu flanquer à l'amende :
      On regrette ce fait.

C'est bien ! le président aujourd'hui n'intimide
      Plus le pâle accusé ;
Il passe sur ses yeux même un mouchoir humide
      Et par les pleurs usé.

La justice n'a plus son appareil terrible,
      Elle est douce, et son air
Ne te causerait plus une angoisse terrible,
      O bon Casque de fer !

Le vieux palais en rose a peint sa robe grise,
      Le président est doux
Et dit au prévenu, quand il prend une prise :
      « *Civette. En usez-vous ?* »

Mais un fait regrettable encore et qui m'oppresse,
      Moi, si conciliant,
C'est qu'on ne songe point à donner à la Presse
      Un juge aussi liant.

Évreux, mars 1870.

XVI

Parades de la Foire.

A Bernay, le pays du cidre et des chevaux,
    C'était hier la foire fleurie.
Les pitres dévidaient sans fin des écheveaux
    D'éloquence avec crânerie.

Le temps était superbe. On eût dit que, honteux
    De n'être pas plus en avance,
Le soleil réparait son mois de mars piteux:
    On avait un ciel de Provence.

Les caisses résonnaient. Fanfares, boniments
    Se croisaient, se mêlaient. La femme
Colosse avec candeur montrait ses agréments
    Prodigieux que rien n'entame.

On voyait des Troppmann en cire, les uns blonds,
    Les autres bruns, tous authentiques!
Ressuscités, parfois de vieux chapeaux tromblons
    Circulaient devant les boutiques.

C'était un bruit joyeux. Cependant, à l'écart,
    Un vieux pitre au visage austère,
Voyait, bien qu'il parlât au public avec art,
    Sa devanture solitaire.

On fuyait sa baraque, et vers l'escamoteur,
  Le singe qui joue à la boule,
La curiosité, ce terrible moteur,
  Entraînait la bruyante foule.

Moi, saisi de pitié pour ce déshérité,
  Et me sentant le camarade
De tous ceux qui, sur les tréteaux sans dignité,
  Font cyniquement la parade,

Ou composent des vers, je m'approchai de lui
  En lui disant : « Sois explicite,
Que fais-tu voir ? » Le pitre avec un air d'ennui
  Me répondit : « Un Plébiscite !

C'est un bel animal, fort curieux. Marc-Pol,
  Dont l'œil vit des coquecigrues,
N'a rien vu de tel. C'est unique sur le sol
  Même des choses incongrues.

Avant ça, je montrais au public un complot
  Unique aussi, taillé dans une
Noix de coco par les sauvages ; mais mon lot
  Est de ne pas faire fortune.

Bien qu'il eût un faux air de monstre japonais
  Qui faisait tomber en syncope,
On restait froid devant mon complot, qu'aux benêts
  Je montrais sous un microscope ;

Je n'ai pas fait mes frais avec lui. Le voilà
    Derrière cette vieille malle,
Oublié ; triste objet dont à peine on parla
    Comme d'une chose anormale.

Quant à mon Plébiscite, il est tout neuf. Voyez,
    N'est-ce pas chose surhumaine ?
Cet air de sphinx, ces yeux dans le ciel fourvoyés...
    Que pensez-vous du phénomène ?

Nous avions le poisson parlant. Mais c'est bien mieux,
    Miracle digne des apôtres !
Celui-ci ne dit rien, reste silencieux,
    Et sait faire parler les autres.

Et vous pouvez répondre à votre guise : Oui
    Ou Non *à ce qu'il vous demande.*
C'est verjus ou jus vert. Il en est réjoui,
    Et vous payez toujours l'amende.

C'est un caméléon aux diverses couleurs,
    Que l'on peut voir noir, blanc ou rouge,
Qui rit en même temps qu'il semble fondre en pleurs,
    Et cependant jamais ne bouge ;

C'est bien ce que l'on peut voir de plus amusant
    Dans les baraques de la foire.
Mais je ne sais pourquoi, Monsieur, chaque passant
    Me dit : « Je connais cette histoire ! »

J'allais voir. Quand soudain, me prenant par le bras,
    Tout en écrasant ma chaussure,
Un de mes amis vint qui me dit : « N'entrez pas
    Ici, c'est de la roustissure :

Le monstre est en carton. On a pour le décor
    Peint à la colle de vieux linges ;
Singes pour singes, mieux vaut aller voir encor
    Là-bas les véritables singes,

Ceux qui grattent avec des gestes de héros
    Les puces de leur gueule bleue,
Et font passer sous leurs habits de généraux,
    Ainsi qu'un panache, leur queue. »

Lisieux, avril 1870.

XVII

Comité d'Albuféra.

I

Oh ! laissez-moi chanter, Seigneur ! laissez ma joie
Déborder en torrents cascadeurs. O mon ode,
Dis en vers féminins l'extase où je me noie,
Et l'orgueil qui me fait plus fier qu'un voïvode.

Et toi, prote indompté, laisse ma villanelle
(Qui d'ailleurs n'en est pas une) courir à l'aise,
Car je célèbre ici ma gloire personnelle
Et j'en prends en oubli les baisers de Thérèse.

Gloire, spectre adoré! Non, tu n'es pas un leurre,
O chimère à travers les astres poursuivie,
Puisqu'on parle à présent des députés de l'Eure
Pour la première fois de leur illustre vie;

Oh! comme je souffrais de leur âpre silence
Et de l'obscurité farouche dans laquelle
Ils se drapaient, muets jusqu'à la violence,
Aimant la violette et vivant avec elle.

Par un miracle dû sans doute à Notre-Dame,
De la Couture, l'un des quatre — ils étaient quatre!
Qui l'eût dit? — sort de l'ombre, et voici qu'on l'acclame,
Et des langues de feu sur lui viennent s'abattre.

O Guillaume Petit! Et toi, d'Arjuzon vague,
O Philémon Fouquet, ô mes gas! quelle ivresse
Lorsque d'Albuféra, plus fougueux que la vague
Des mers, a vu son nom déborder sur la Presse!

Jusqu'ici, comme vous, ô mes compatriotes,
Nul ne le connaissait, hors le garde champêtre
Et monsieur le préfet. Les foules idiotes
Ne savaient même pas qu'il eût pris soin de naître.

*Mais aujourd'hui, Mackau le jalouse. Il est même
Plus connu que Mackau ne le fut. Mackau reste
Célèbre, mais passif ; l'autre est actif. On l'aime
De ne rien redouter, pareil au jeune Oreste.*

*Il s'est mis en avant, d'Albuféra l'antique,
Dont le nom faisait croire, en ce siècle frivole,
A quelque alcade ou quelque amoureux fantastique
D'une zarzuela drapée à l'espagnole.*

II

*O neige des pommiers en avril odorante,
Embaume l'air ! Voici que pour écraser l'hydre
De l'anarchie, avec une ardeur dévorante,
D'Albuféra la met sous une vis à cidre.*

*Son nom flotte vainqueur sur les flots populaires,
Sans doute saint Taurin de ce miracle est cause
Et lui dicte tout bas ces tas de circulaires
Qui colorent les cieux d'azur vif et de rose.*

*Étables où l'espoir de la race porcine
Fouille le sol, vallons verdoyants de la Risle,
Notre d'Albuféra maintenant se dessine
Carrément dans les plis de sa robe virile,*

*Et l'attendrissement m'envahit et j'en pleure,
Car sa gloire me fait aussi glorieux, comme
Citoyen de ce fier département de l'Eure
Qui peut, sans éclater, contenir un tel homme.*

*Ah ! que le Plébiscite avorte ou qu'il en sorte
Quelque chose de grand, d'inconnu, de fantasque,
D'Albuféra surgit, grâce à lui. Que m'importe
Le reste ? Emporte-le dans ta course, ô bourrasque !*

*Que le vote soit pur ou qu'on nous l'escamote,
Pourquoi nous occuper des manœuvres qu'on trame ?
Pompiers issus des flancs de Janvier de la Motte,
D'Albuféra célèbre emplit assez notre âme.*

*Formes que le brouillard des matins gris estompe,
Nos autres députés, ces frêles apparences,
Comme la fleur s'ouvrant au soleil qui la pompe,
S'enivrent de sa gloire et font des conférences.*

*« Vive d'Albuféra ! » chantent les primevères ;
« C'est un autre Ollivier, » dit la pâle églantine.
Les êtres endormis encor dans les ovaires
L'applaudissent déjà de leur voix argentine.*

*Et moi j'ai tressailli follement d'allégresse,
Car je n'ai plus besoin d'aller par les Bohêmes
Pour trouver un héros auquel on s'intéresse,
Puisque d'Albuféra peut emplir des poëmes !*

Et c'est pourquoi j'ai pris à Banville ce mètre
Où les rimes du sexe enchanteur, sans mélange
Se croisent, sans vouloir aucunement permettre
Au mâle impur d'entrer dans leur blanche phalange,

Estimant que ce rhythme est assez héroïque
Pour l'humble Childebrand jusqu'à présent si sage,
Qu'on a, ces jours derniers, posé, grave et stoïque,
Sur le socle en carton des héros de passage.

Le Havre, mai 1870.

XVIII

Le Melon de Gill.

Ah! tout ment sous les cieux; et les plus saintes choses
  Cachent un piége compliqué.
Tu n'es qu'un mot, Vertu! le ver est sous les roses,
  Pas un front qui ne soit marqué.

A qui croire, Seigneur, maintenant ? Toute enseigne
  Est un mensonge véhément !
Dernière illusion de mon âme qui saigne,
  Tu t'es enfuie en un moment.

Le Melon de Gill.

Ah ! certes, je savais la femme ingrate et fausse,
 Pour en avoir souvent souffert ;
Je savais que son cœur est une immense fosse,
 Un chemin toujours entr'ouvert ;

Je savais qu'on ne doit pas compter sur l'aurore,
 Qu'il faut douter quand nous parlons
De courage et d'espoir, mais je croyais encore
 A l'innocence des melons.

Oui, le Mal aujourd'hui, gigantesque Clodoche,
 Saute sur le monde effrayé,
Puisque les melons même, endormis sous leur cloche,
 Avec Dumolard ont frayé ;

Et puisque Gill, l'honneur du temps, la gloire pure
 Que l'Europe nous jalousait,
Et dont nous admirions la svelte découpure
 Au bois où la fraise poussait,

Gill, marqué maintenant du sceau fatal, — immonde !
 Crie au ciel : « Tu me le paîras ! »
Et, sinistre, hagard, court à travers le monde,
 Avec un melon sous le bras !

Eaux-Bonnes, 1868.

XIX

Le Lys dans la chambre.

Banville, ce porteur de lyre,
Qu'emporte son fougueux délire
Plus haut que ne monte Al-Borack,
Un jour, en fleur que voit éclore
Le pré vert baigné par l'aurore,
Métamorphosait Limayrac.

Dans une ode à bon droit célèbre,
Du Volga jusqu'au bord de l'Èbre,
Cet éblouissant racoleur
De rhythmes, de rimes dansantes,
Chantait aux Muses frémissantes :
« Si Limayrac devenait fleur ! »

Mais le Dieu qui tient le tonnerre
Dit : « Il sera fonctionnaire ! »
Et Limayrac, tel fut son lot ;
Ne pouvant imiter Narcisse,
Alla voir faire l'exercice
Aux gardes mobiles du Lot.

Le Lys dans la Chambre.

Il passa, mais son auréole
Entoure le sage Dréolle.
Si Limayrac ne fut pas fleur,
Dréolle, où butine l'abeille,
A lui seul est une corbeille
Dont avril fournit la couleur.

Dréolle, exempt de toute pose,
Pour le nez et pour l'œil compose
Un parterre exact et formel.
Son nom seul parfume l'espace;
On croit voir marcher, quand il passe,
Tout l'étalage de Rimmel!

Certes, Mitchell sent bon; Auguste
Vitu vaut bien qu'on le déguste,
Cassagnac (ne pas l'oublier)
Répand une odeur pénétrante;
Revenu de Rome ou de Trente,
Veuillot est un mancenillier;

Mais le lys sans tache, la rose
De Sâron, l'idéale cause
De l'extase du rossignol,
Mais la fleur discrète qu'effeuille
Marguerite en pleurs, que recueille
Le Chartreux voisin du Tyrol,

C'est Dréolle, fleur de l'Empire..
L'aigle avec amour le respire..
Et tient sa tige dans son bec;
Les Nymphes, à la fraîche haleine
De Dréolles ornant Silène,
Charmaient le statuaire grec.

Dans sa tranquille maison close,
Alphonse Karr, songeur, l'arrose.
« Versons ce Dréolle en ce vin,
En ce bon vin versons Dréolle! »
S'écrie, en son ivresse folle,
Ronsard, notre maître divin.

Et, penchés sur une cornue
Où pleure l'essence ingénue
De cette autre fraise des bois,
Schneider et le baron Jérôme
David en dégagent un baume
Dont s'oindra Clément Duvernois!

Beaumesnil, août 1870.

XX

Question d'art.

> Comme soldat, on doit aimer à faire
> la guerre. C'est une question d'art.
> MARÉCHAL LEBŒUF.
> (Séance du 23 mars 1870.)

I.

Lorsque Hoche et Marceau guidaient les volontaires
  A la conquête de nos droits,
Certes, ils savaient bien, ces jeunes gens austères
  Dont l'œil épouvantait les rois,
Que la Guerre est horrible, impie et monstrueuse.
  Des frissons leur venaient au cœur
Quand ils voyaient le sang dont la noire Tueuse
  Tache les talons du vainqueur;
Et, si la Liberté, leur tendant ses mains pâles,
  N'avait crié : « Défendez-moi ! »
Ils eussent retourné sur leurs pas, eux si mâles
  Cependant et vierges d'effroi !
Mais ils faisaient la Guerre à la Guerre. La sombre
  Furie aux âpres appétits
Était en face d'eux, lâchant du fond de l'ombre
  Les rois déchus et leurs petits,

Menaçant de leurs crocs la grande République,
* Et ces généraux de vingt ans*
Refoulaient au chenil toute la meute oblique
* De ces monarques haletants.*
La Guerre alors était magnifique et sereine,
* La Paix marchait à ses côtés,*
Et l'arbre de l'amour fleurissait sur l'arène
* Où les peuples s'étaient heurtés.*
C'était fier, c'était grand, et la douce Patrie
* Souriait à ses beaux enfants,*
Lorsqu'ils lui revenaient, front haut, âme inflétrie,
* Porter leurs rameaux triomphants.*

II.

Plus tard, eux disparus, lorsque survint le Corse,
* Bilieux sorti des maquis,*
Lorsque la Liberté, succombant sous la Force,
* S'enfuit de notre sol conquis,*
La Guerre, qu'on pensait à la fin muselée,
* Ayant rencontré son amant,*
Se remit à courir, lugubre, échevelée,
* A travers le monde fumant.*
Quatorze ans de massacre et de villes ouvertes
* A tous les instincts destructeurs,*
Les champs abandonnés, les chaumières désertes,
* Les hommes changés en lutteurs;*
L'incendie étendant partout ses flammes vives,
* La faim, et les fleuves hagards*

Qui voyaient se rougir les herbes de leurs rives,
  Charriant des corps sans regards,
Firent bondir le cœur du couple épouvantable
  D'un sauvage et joyeux orgueil..
Tout croulait devant eux ; le palais et l'étable
  N'étaient que râles et que deuil..
Lui la baisait au front en disant : « Ma Guerrière ! »
  Elle répondait : « Mon César ! »
Mais du moins ils avaient caché leur front derrière
  Un masque pris au vieux bazar
Où tous les oripeaux acceptés par l'histoire
  Pourrissaient, mettables encor..
La Guerre se cachait, disant : « Je suis la Gloire ! »
  On rafraîchissait le décor,
On prenait un prétexte, on dorait la pilule,
  On parlait d'insulte au drapeau ;
La Presse étant murée au fond d'une cellule,
  O peuple, malheureux troupeau !
Tu te laissais conduire où l'on voulait, docile
  Au licol, calme, sans fureur,
Et tu criais encore, ô sublime imbécile !
  En mourant : « Vive l'Empereur ! »

III.

Mais aujourd'hui Tartufe, au moins, ne se retranche
  Plus derrière un masque menteur..
La situation claire, bien nette, franche,
  Fait tomber le fard de l'acteur ;

On fait la Guerre pour le plaisir de la faire,
 Et c'est une QUESTION D'ART !
Plus de motifs boiteux dans lesquels on s'enferre !
 Un soldat doit être un soudard,
Se battre pour se battre et s'enivrer de poudre
 Sans rien demander. Son devoir
Est d'aller en avant toujours, de se résoudre
 A ne rien comprendre et savoir,
Sinon que tout est bien quand des milliers de veuves
 Jettent leurs malédictions
Au sombre écho des nuits, et quand, des tombes neuves
 Où s'entassent les nations,
Montent vers le soleil des miasmes fétides !
 Frappez ! Massacrez sans remords !
Vos généraux sont là, fortes cariatides,
 Qui supportent le poids des morts ;
Et si tous ces bavards, philosophes, poètes,
 Dont la voix trop longtemps beugla,
Disent un mot, fouillez à coups de baïonnettes
 Dans le tas de ces pékins-là !

IV.

QUESTION D'ART ! *ces mots ont été dits ! Carnage,*
 Famine, champs foulés aux pieds,
Mares de sang vermeil où plus rien ne surnage,
 Question d'art pour les troupiers !
Le pays sans argent, « c'est de la politique, »
 Cela ne me regarde pas.

Je suis un militaire avant tout. Ma tactique
    Est d'aller toujours à grands pas.
Le Corps législatif, c'est le champ de manœuvre.
    Je n'aime point les discours longs.
Le Chassepot sifflant ainsi qu'une couleuvre,
    Les clairons au camp de Châlons,
Voilà ce qu'il me faut en attendant qu'on aille
    Se frotter avec l'ennemi!
Les tambours, les obus, les sabres, la mitraille,
    On ne respire que parmi
Leur tumulte joyeux. La France est conquérante,
    Les ânes seuls vont aux moulins.
Voilà! Ma veuve aura vingt mille francs de rente
    Que lui paîront les orphelins.
Le reste, je m'en fiche! Un enfant de Bellone
    Vole de succès en succès;
Ne lit pas les journaux, regarde la colonne,
    Et se sent fier d'être Français!!!

V.

O maréchal Lebœuf! ce rêve est beau, sans doute,
    Et c'est un spectacle touchant
Qu'un bataillon prenant d'assaut une redoute,
    Le sabre à frapper s'ébréchant,
Turenne partant, sur l'air de la Reine Hortense,
    Pour brûler le Palatinat,
Et les peuples unis dans la sainte alliance
    Du meurtre et de l'assassinat.

C'est charmant, mais un peu démodé. Nous ne sommes,
 O bouillant maréchal Lebœuf !
Qui faites admirer à douze cent mille hommes
 Votre beau panache tout neuf,
Plus si chauvins que ça. Comme le bon duc Naymes,
 Dont parle Hugo, nous voulons
Nos foyers, nos logis, nos amours. Aux soirs blêmes,
 Cachant dans l'ombre des vallons
Les cadavres que laisse étendus la victoire,
 Eût-elle pour nom Austerlitz,
Nous préférons les champs recueillis et la gloire
 Candide des volubilis
Encadrant le jardin de Jenny l'ouvrière !
 Quand nous rêvons tranquillement
Et que vient à sonner la fanfare guerrière,
 Nous trouvons que c'est assommant.
Les hussards sont exquis avec leurs sabretaches,
 Et le prestige des bonnets
A poil ajoute encore à celui des moustaches,
 O guerrier ! je le reconnais ;
Mais j'admirais aussi Mengin sous sa cuirasse
 De cuivre aux reflets éclatants.
Nos pères, dites-vous, méconnaîtraient leur race ?
 Nos pères étaient les Titans
Qui prenaient la Bastille et couraient aux frontières
 Crier aux tyrans : « Halte-là ! »
Et non pas ce troupeau de nations entières
 Qu'un noir démon ensorcela.
Nos pères, maréchal, nos pères étaient libres,

Et c'était volontairement
Que, sentant tressaillir en eux toutes leurs fibres,
Ils portaient au Rhin allemand
Le défi que jetait la nation française
Aux ramasseurs du sceptre usé
Que Paris, sur le front pâle de Louis seize,
Un jour d'orage avait brisé !

VI.

Nous donnerons nos jours à venir, avec joie
Quand la déesse Liberté,
Pour chasser le vautour qui lui ronge le foie,
Jettera l'appel irrité.
Et ceux de la Moselle, et ceux de Sambre-et-Meuse
N'auront pas à rougir de nous.
Par le soleil ardent ou par la nuit brumeuse,
Sans jamais fléchir les genoux,
Chantant la Marseillaise et criant : « Délivrance ! »
Heureux, la gaîté sur le front,
Nous irons en avant comme des fils de France,
Et d'autres encor nous suivront.
Notre vie appartient à la Patrie auguste :
Qu'elle la réclame demain,
Nous trouverons cela simple, loyal et juste,
Et nous nous mettrons en chemin.
Mais, quant à réjouir le cirque où les Altesses
Attendent les gladiateurs
Dont le jeu, quelquefois, dissipe leurs tristesses,

Non pas : cherchez d'autres lutteurs !
Nous avons mieux à faire, estimant notre vie
   Dévolue à l'humanité,
Et non pas un hochet dont joue en son envie
   Un monarque en ébriété.
Votre art n'est pas le nôtre, ô vaillant militaire !
   Nous sommes, nous, les travailleurs
Qui poursuivons en paix notre labeur austère,
   Loin des camps et des artilleurs,
Tournant le dos à l'ombre et regardant l'aurore,
   Fondant l'universel amour,
Cherchant tout ce qui peut sourire et peut éclore ;
   L'alouette est notre tambour !
Nous avons en horreur la Guerre, et notre haine
   Atteint l'aigle jusqu'en son œuf.
Maintenant convoquez vos héros dans la plaine
   Et sabrez, maréchal Lebœuf !

Beaumesnil, mars 1870.

XXI

Après un départ.

Insulter les vaincus est une chose lâche ;
Mais celui qui, manquant sans pudeur à sa tâche,
A louvoyé parmi toutes les trahisons,
Le renégat qui fit regorger les prisons,

Après un départ.

L'être haineux, mauvais, que l'on prend par l'épaule
Et qu'on met à la porte un beau jour, comme un drôle,
Est-ce un vaincu ? Faut-il s'incliner devant lui
Et vénérer ce front dont la rougeur a fui ?
Oh ! gardons ce beau nom de vaincu pour les autres,
Pour les soldats tombés, les martyrs, les apôtres,
Pour tous ceux qui sont morts fidèles au serment,
Jusque sur le bûcher gardant leur dévoûment.
Ne prostituons pas à l'homme qu'on renvoie
Ce titre que Barbès, avec une âpre joie,
Revendique. Laissons partir cet intendant
Sur qui son maître garde un silence prudent.
Lui, vaincu ? Ce fuyard, gauche, oblique, risible !
Qu'il rentre dans cette ombre où l'on reste invisible,
Dans l'ombre du néant, et, les traits résignés,
Y compte les trois sous qu'il a si bien gagnés !
Mais si jamais, oiseau de sinistre présage,
Il se remontre à nous, rions sur son passage,
Car ce serait trop drôle, en vérité, qu'un soir,
Quand il est dans les mains de « l'homme tout en noir, »
Quand il est poursuivi par Madame Pernelle
Désabusée enfin, — fier, dardant sa prunelle
Sur Orgon dont les yeux flottent irrésolus,
Tartufe dise encor : « Respectez les vaincus ! »

Beaumesnil, août 1870.

XXII

A Monti et à Tognetti.

Quand vos têtes roulaient sur le noir échafaud
Pour vous punir d'avoir aimé votre patrie
Et de l'avoir voulue éclatante, inflétrie,
Libre sous le soleil et portant le front haut,

Le vieillard rose et gras qui succède à saint Pierre,
Le pontife sacré, l'apôtre de douceur,
Le prêtre qui jamais ne lève la paupière
Et dont l'âme à Tartufe emprunte sa noirceur,

Après avoir signé l'arrêt qui vous condamne,
Sans essuyer le sang qui rougit sa soutane,
Allait pieusement baptiser des canons..

Sa tiare brillait dans la vive lumière
Et sa bouche laissait tomber cette prière :
« Pardonnez-nous, Seigneur, comme nous pardonnons ! »

Bastia, décembre 1868.

XXIII

A Mélingue.

Après Lucrèce Borgia.

Comme on ne peut nier le chef-d'œuvre flagrant,
On change de tactique. On vous dit : — C'est trop grand,
C'est du lyrisme pur; ce n'est pas du théâtre !
Le château du vieux Job, dans un lointain bleuâtre
Apparaît, fantastique et formidable à l'œil,
Comment le resserrer dans un décor ? Le deuil
Que traîne Saint-Vallier paraîtrait ridicule :
On n'est pas susceptible ainsi. Ruy Blas recule
Les bornes du possible : où voit-on, s'il vous plaît,
Un enfant du pavé, moins que rien, un valet,
Être premier ministre et demeurer honnête ?
Qu'est-ce que la Tudor ? une marionnette
Admirable, c'est vrai, mais qui n'existe pas.
Une reine jamais ne laisse après ses pas
Une empreinte de sang, de luxure et de boue.
Puis, après tout, comment voulez-vous qu'on les joue
Ces drames ! Où trouver des acteurs assez forts
Pour un fardeau pareil ? Ceux d'autrefois sont morts.
Or lutter avec eux serait une folie.
On y songe si peu, que même on les oublie;
Mais l'envie, enchanteur aux grimoires savants,

Sait les ressusciter pour tuer les vivants.
Toi, bon comédien, fier pétrisseur d'argile,
Tu regardes germer ton ébauche fragile,
Puis, quand ton Histrion *surgit svelte et charmant,*
Tu retournes la tête et tu réponds : — Vraiment ?

Alors on voit marcher et palpiter et vivre
Ces héros condamnés à la prison du livre :
Leur pas sonore et fier sonne dans le chemin,
Et tu fais éclater tout ce qu'ils ont d'humain.
Ta langue naturelle est cette prose altière ;
Comme un prince, tu sais transformer en litière
Les fronts des courtisans à tes pieds accroupis.
Et si les rois n'ont pas ton allure, tant pis,
N'est-ce pas, don Alphonse ? Et le flot populaire
Qui bat les vieux palais avec tant de colère
S'apaise devant toi, comédien aimé.
Le peuple, par ton souffle énergique enflammé,
Le peuple aime sur toi ces morceaux d'écarlate
Où tout l'orgueil des rois et des laquais éclate,
Car il te sait des siens et que tu le comprends,
Toi qui grandis parmi les Ragotins errants !

Théramène s'indigne et prétend que tu manques
De noblesse, et murmure : Oh ! ces vils saltimbanques !
Laissons ce vieux pelé dans un coin, Zafari,
Ratisser noblement son jardin défleuri ;
Mais toi que le combat livré devant les toiles
Enivre, et qui te plais aux chansons des étoiles,

Tu livres tout ton cœur au chef-d'œuvre immortel,
Et, dans ces derniers temps n'ayant vu rien de tel,
Le peuple accourt et prend, pour couronner ta tête,
Des feuilles aux lauriers de l'auguste poète !

Paris, février 1870.

XXIV

A Madame la Marquise de Z...

Enfin, marquise, les gazettes
Annoncent votre engagement.
Le fait est accompli, vous êtes
Comédienne. C'est charmant.

En vain vos ancêtres maussades
Grognent au fond de leurs tombeaux ;
Vous les renvoyez aux croisades
Pour venir avec les cabots.

Rien ne put empêcher, madame,
Que votre petit pied glissât
Sur les planches ; mais, ô mon âme !
Il faut lâcher le marquisat.

Il faut, du bout de ta bottine,
Envoyer chez les égoutiers
Les birbes morts en Palestine
Et les deux cent dix-huit quartiers.

De cela nous n'avons que faire ;
Je sais que l'on y tient beaucoup
Dans ce qu'on appelle ta sphère,
Mais, chez nous, c'est de mauvais goût.

C'est déjà bien assez des grues
Qu'importent les ducs ramollis,
Piliers des scènes incongrues
Où l'art a le torticolis,

Sans que l'on nous impose encore
Une bégueule, à tout propos,
Vantant le nom qui la décore...
Du flan pour tous ces oripeaux !

Ton marquisat, c'est une amorce
Chimérique. Il faut du réel.
Es-tu seulement de la force
De Dorval ou bien de Rachel ?

Les farces du début finies,
Quand trente ou quarante crevés
Secouant leurs têtes jaunies
Se seront bien dit : « Vous savez ?

A Madame la Marquise de Z...

C'est que, vraiment, elle est exquise!
Ah! mon cher, elle nous manquait! »
Le public sérieux, marquise,
Viendra te coller ton paquet.

Et puis, je prévois une chose:
C'est qu'à la répétition,
Tu vas nous la faire à la pose :
Ma fille, fais attention.

Ton aïeul Ildefonse quatre,
Lui-même, se mordrait les doigts
S'il voulait aujourd'hui nous battre,
Comme ses vassaux autrefois,

Et son auguste descendante
Pourrait fort bien, sans longs débats,
Faire une retraite prudente
Vers le château de Carabas.

Notre Noblesse, à nous, est celle
Que l'on se fait sur les tréteaux
Quand le cœur en larmes ruisselle,
Comme pris entre deux étaux.

Nos marquises et nos duchesses,
Ce sont les filles aux beaux yeux,
O Thalie! ayant pour richesses
Ta voix, ton rire harmonieux!

C'est la créature endiablée
Qui souffre et ne veut pas guérir,
Et livre à la foule affolée
Sa grande âme avant de mourir.

Va ! quand l'une d'entre elles dompte
Sous le lustre Paris entier,
Elle peut descendre d'un comte,
Si ça lui plaît, ou d'un portier.

Je te réponds que l'on s'en moque
De la plus complète façon.
Mais toi ! vouloir, c'est trop baroque,
Nous montrer d'abord ton blason,

Venir encombrer de ta race
Nos planches, nos tréteaux sacrés,
Où l'on retrouve encore la trace
Des pleurs que Dorval a pleurés !

Tu crois nous honorer peut-être ?
Allons donc, passe ton chemin !
Nous ne voulons pas te connaître,
Retourne au faubourg Saint-Germain !

Ou, si vraiment tu te sens l'âme
Assez virile pour marcher
Après les voleuses de flamme
Dont le nom doit t'effaroucher,

A Madame la Marquise de Z...

Quitte ce titre ridicule
Qu'on nous cite avec tant de soin,
Jette au panier ta particule
Dont l'affiche n'a pas besoin,

Puis viens à nous, en bonne fille,
Alerte et franche, et nous pourrons
Te recevoir dans la famille;
Mais à la porte les fleurons,

Le clinquant, la ferblanterie,
Les parchemins bons pour les rats,
Toute l'antique friperie
Dont on nous a fait embarras!

Jette-moi tout ça dans la rue
En ayant soin de l'oublier!
Ça peut servir à quelque grue
Pour aller le soir à Bullier.

Sainte-Lucie di Tallano, décembre 1869.

XXV

Monselet
Dévoré par les homards.

Les homards affamés hurlaient dans leur prison ;
Leurs yeux inquiétants avaient des lueurs fauves ;
Leurs compagnes au fond des humides alcôves
Semblaient fuir le soleil sanglant à l'horizon ;

Les huîtres tressaillaient, en proie au noir frisson,
Les scorpions de mer s'accrochaient aux rocs chauves,
Et toi, Foi qui toujours nous gardes et nous sauves,
Tu te heurtais le front à la sombre cloison.

Quand Monselet tomba dans l'abîme, les masques
Des monstres de la mer devinrent effrayants
Et l'on vit s'allumer des regards flamboyants.

Mais la clémence sied aux homards monégasques ;
Et ces martyrs que guette un cuisinier cruel
Venaient lécher les pieds du nouveau Daniel.

Nice, mars 1869.

XXVI

Examen de conscience.

Tu riais, hier soir, tu chantais, misérable !
Tu tenais des propos révoltants. Ta raison,
Tu la traitais avec un sombre sans façon,
Être flétri, pervers, aux pochards comparable !

Est-ce ainsi qu'on devient un vieillard vénérable ?
Réponds ! Et tu buvais !... Quel immense horizon
De bocks fait pour donner à l'âme le frisson !
L'aube jette aux volets un sourire adorable.

Tu t'éveilles, les yeux rougis et les cheveux
Inquiets, et ta bouche aux bâillements nerveux
Crache péniblement une liqueur amère.

Souviens-toi du néant où tu vas, d'où tu sors,
Car voici, dissipant ton ivresse éphémère,
L'heure où la pituite appelle le remords.

Nice, mars 1869.

XXVII

Sonnets spartiates.

A Charles Monselet.

I.

La table étincelait. Un tas de bonnes choses
Chargeaient la noble nappe. On y voyait des mets
Étiquetés de noms savants, chers aux gourmets;
Les crûs fameux brillaient transparents, blancs et roses.

Sous un prétexte aucun, mes yeux n'avaient jamais
Touché même de loin à ces plats grandioses,
Et cependant mon front, voilé d'ombres moroses,
Montrait que ce n'était point là ce que j'aimais.

« Tu te voudrais sans doute au fond de tes gargotes,
Dans un bouillon Duval, près d'une portion
De lapin contestable ou de bœuf aux carottes,

Misérable ! » me dit tout haut l'amphitryon.
Tout tremblait du courroux qu'il me faisait paraître,
Et moi, je répondis tranquillement : « Peut-être! »

II.

*Eh bien, oui ! j'aime un plat canaille
Bien mieux que ces combinaisons
Qu'un chef alambique et travaille
Ainsi qu'Exili ses poisons,*

*Sur le banc de bois où me raille
Le merle chantant aux buissons,
Le cabaret et sa muraille
Que charbonnent les polissons.*

*Là, je bois les vins populaires
Où Suresnes met ses colères
Et qui font le nez bourgeonné,*

*Et, pour irriter la fringale,
Cyniquement je me régale
D'un plat de hareng mariné.*

Nice, mars 1869.

XXVIII

Marée descendante.

Plus sombre qu'en sa hutte un vieux chef Samoïède
Dont la pêche consiste en deux phoques mort-nés,
Hamburger méditait, au café de Suède,
Sur la vie, et faisait un nez... ah! Dieu! quel nez!...

Ses yeux d'aigle lançaient des flammes contenues,
Éclairs intermittents, sinistres précurseurs
Des tempêtes qui vont ensanglanter les nues;
On l'entendait parfois dire : « Tas de farceurs! »

Un sourire plissait sa lèvre aux lignes pures.
A Longwood, ainsi Napoléon le Grand
Posait, pour épater les époques futures;
Mais Lui ne tirait pas l'oreille de Bertrand.

Il venait, seul, songeant aux illustres soirées
D'antan. Il était seul dans un coin, et pourtant
C'était l'heure où l'on voit les biches altérées
Jeter sur le trottoir un œil inquiétant;

L'heure où le boulevard s'emplit d'hommes célèbres
De tout âge qui vont, mouvant flux et reflux.
Lui demeurait plongé dans ses pensers funèbres.
Des garçons qui servaient ne le connaissaient plus.

Marée descendante.

Quelquefois, cependant, naïf, un bon jeune homme
S'approchait du héros d'un air timide et doux.
Amer, et remuant un sirop à la gomme,
Il disait : « Vous avez des illusions, vous ?... »

Le vide se faisait autour de lui. Canuche
Seul, cet observateur froid et silencieux
Qui pèse tous nos faits dans l'ombre et les épluche,
Murmurait : « Il fut grand, mais trop ambitieux ! »

Des reporters passaient, mais sans le voir. Plus sombre,
Il replongeait son front si noble entre ses mains.
Résigné, douloureux, astre éteint, feu qui sombre
Et n'indiquera plus aux masses leurs chemins.

Cependant le café se vidait. Chaque groupe
Se dispersait. Chacun de son côté fuyait.
Quelques-uns de ces gens allaient manger la soupe,
D'autres disaient : « Silence ! » à leur ventre inquiet.

Alors, dans cet endroit devenu solitaire,
Hamburger se leva, tragique, arrêta court
Le garçon cravaté de blanc comme un notaire,
Et crevant en sanglots, fit : « Oh ! ce Tillancourt !... »

Arsy, juin 1870.

XXIX

Magnard.

« *Je n'étais rien. J'étais un tout petit garçon*
Qu'on envoyait chercher le Pays sans façon.
  Ou faire d'autres courses ;
Mais j'avais dans le cœur des appétits hautains,
De ces flammes qu'on voit au fond des cieux lointains,
  Auprès des grandes Ourses.

On me criait : « Magnard par ci, Magnard par là ; »
Je fus longtemps celui dont aucun ne parla,
  L'être chétif, l'atome.
Mais, damant le pion à Flaubert abattu,
A présent que j'ai fait chez l'éditeur Dentu
  Éditer un fort tome,

Je suis grand ! Vapereau me vénère ! Je suis
Un des triomphateurs surhumains que tu suis,
  Auguste Renommée !
Et mon Paris au jour le jour fait, chaque soir,
Tressaillir, aux cafés où Prével vient s'asseoir,
  Les peuples et l'armée !

En parlant de Victor Hugo, je dis : « Nous deux ! »
Et le premier, c'est moi. Ce rimeur hasardeux
  Dit : « Magnard ! » et s'incline,

Et comme il a raison ! — Si Balzac revivait,
Il viendrait, au réveil de l'aube, à mon chevet,
        Pincer la mandoline.

Je suis Magnard ! Magnard le grand ! Magnard le seul,
Francis Magnard ! Le reste est au pâle linceul,
        Et, vraiment, je m'étonne
Qu'on n'ait pas, secondant le vœu de feu Havin,
Multiplié mes traits chez les marchands de vin,
        En Jupiter qui tonne ! »

Ainsi parle Magnard, altier, joyeux, vainqueur,
Quand vous entre-bâillez les portes de son cœur,
        Visions clandestines !
Lorsque Villemessant, au rêveur interdit,
Apparaît brusquement, et, gouailleur, lui dit :
        « Eh bien ! et mes bottines ? »

Sainte-Lucie di Tallano, novembre 1869.

XXX

Douleur de Ravajon.

Le docte Ravajon, ce maître illustre, aux airs
Ascétiques, disert entre les plus diserts,
        N'est pas content. Sa bile

Le tourmente. Il maudit les hommes. Il n'a plus
Qu'à fuir loin de ce monde aux étais vermoulus
  Pour se faire Kabyle.

« Faites de l'art ! dit-il, soyez pendant trente ans
L'un de ses plus altiers et purs représentants ;
  Connaissez l'esthétique
Comme personne au monde, et cognez-vous le front ;
Pratiquez les vertus austères qui feront
  De vous un homme antique...

Qu'est-ce que cela fait à ce siècle bâtard ?
Il passe insoucieux. On connaîtra plus tard
  Votre valeur. Encore
Y mettra-t-on le temps. Jusque-là des navets !
J'en rirais volontiers, vraiment, si je pouvais :
  C'est Courbet qu'on décore !

Un être sans tenue, échappé de ses bois,
Dont les tableaux ont mis ma pudeur aux abois ;
  Que feu Picot, sévère,
Mais juste, reléguait bien loin de l'Institut,
Et sur lequel la voix des critiques se tut
  Quand lui vidait son verre.

Moi, nourrissant l'horreur de ce genre odieux,
J'ai toujours chastement fabriqué des bons-dieux ;
  Ma peinture tapisse
Les temples du Seigneur perdus au fond des champs,

Et mes enfants-Jésus encombrent les marchands
  Du quartier Saint-Sulpice.

O ciel! avoir tant fait de chemins de la croix,
Et puis la voir donner à d'autres! Et tu crois,
  O France ingrate et vile!
Que ça se passera de la sorte? Oh! non pas,
Je vais faire un boucan terrible, et de ce pas
  Bouleverser la ville!

Et ce Courbet! Est-il assez mal élevé!
Refuser ce ruban divin dont ont rêvé
  Les hommes les plus graves!
Car il est bien certain que même un Hottentot
Serait heureux et fier d'orner son paletot
  De l'étoile des braves.

Ah! si l'on avait eu du nez! ce n'est pas moi
Qu'on eût vu refuser ce ruban. Plein d'émoi,
  Je l'eusse à l'instant même
Mis à ma redingote, à mon gilet, à ma
Chemise de nuit pour charmer les doigts d'Irma,
  Le doux être qui m'aime!

Oh! l'on ne m'aurait pas fait ce plaisir pour rien.
Au lieu de vivre seul comme un Sibérien
  Dans le fond de sa yourte,
J'eusse porté partout mon ruban : au sermon,
Au théâtre; j'aurais mis, plus que Darimon,
  Une culotte courte!

Cependant, rayonnant et calme, tel qu'un dieu,
Courbet donnant le bras à Gustave Mathieu,
  L'ami de la nature,
Manifeste son goût pour les riches salons
En prenant chez Andler un bock, puis dit : « Allons
  Faire de la peinture ! »

Chantilly, juillet 1870.

XXXI

La Chute d'un Ange.

Prével devient amer. — Jadis, c'était la joie
De nos cœurs, cet enfant charmant aux yeux que noie
Une mélancolie ineffable. On aimait
Ce doux front, ces cheveux que le coiffeur soumet
Un instant, et qu'après reprend la folle brise.
C'était le Chérubin de la presse. O surprise
Adorable! le jour qu'il vint, ainsi qu'au temps
D'Astrée, on vit fleurir dans les prés éclatants
Le bouton d'or; Veuillot sourit et fut aimable;
Villemessant, rempli d'un trouble inexprimable,
Cria joyeux : « Noël ! voici le Rédempteur ! »
Il était bon, affable et digne sans hauteur,
Et les anges, clignant de l'œil à son passage,
Lui disaient : « Marche droit, petit frère, et sois sage. »
C'était un joujou, mais un joujou surhumain;

La Chute d'un Ange.

On se faisait passer Prével de main en main,
Et chacun admirait la fraîche créature.
L'art ne lui prêtait rien, et la simple nature
Avait orné l'enfant prédestiné. C'était
Délicieux à voir, son œil qui reflétait
Les étoiles du ciel avec cette innocence !
Ce regard séraphique avait tant de puissance
Que Lagier se troublait devant lui. Quelquefois
Il disait : « Taisez-vous ! J'entends là-haut des voix ! »
Et l'on faisait silence.

      O Prével ! ô doux être
En qui la rose auguste et le lys semblent s'être
Donné le rendez-vous mystique ; virginal
Officiant, pudeur vivante du journal,
Pourquoi cette amertume, ô mon Prével ? La cause
En est grave sans doute et triste ? Qui donc ose
Te faire du chagrin, cher Joas ? On ne sait.
Mais Prével est amer. Il est amer. Il s'est
Abonné brusquement à la misanthropie.
Il ne parle à personne ; il est sombre ; il copie
Timon d'Athènes. Seul, il hurle dans les bois,
Farouche et désolé comme un loup aux abois.
Hier, il se jetait sur l'infortuné Becque
Avec l'activité dévorante d'un Tchèque.
Il n'aime plus les vers, ce poète ! on dirait
Que Magnard l'a mordu dans un endroit secret.

Seigneur, qui voyez tout, Seigneur, dieu des armées,
Les pleurs ont mouillé nos paupières enflammées ;

Dans cette affliction soyez notre secours;
Rendez-nous, ô Seigneur, le Prével des vieux jours;
L'adolescent joyeux et couronné de roses,
Qui, tel qu'un jeune daim, folâtrait dans les proses.
Otez-nous ce Prével soucieux qui n'est plus
Le Prével emporté sur les monts chevelus
Par le chœur bondissant des nymphes amoureuses!
O Dieu! Zéphire aimait les boucles vaporeuses
De ses cheveux de brume et d'or! Vierges, pleurez!
Pleurez, ô Cupidons! Loin des bosquets sacrés
Où gémissent d'amour les blanches tourterelles,
Prével cherche à présent les sanglantes querelles
Des léopards tachés et des grands ours velus!
Pleurez, Grâces, pleurez! Votre Prével n'est plus!

Paris, juillet 1870.

XXXII

Déjà nommé.

Je reviens, et mon vers en riant s'y résigne,
A ce Magnard toujours si cocasse, mon Dieu!
Et dont Lafargue dit à Prével, qui s'indigne :
« Il est vraiment trop bleu! »

Certes, parmi les gens que leur génie entraîne
A découper des faits divers dans les journaux,
On en cite de hauts et bien montés en graine,
    Des crûs de bons tonneaux !

Plusieurs ont un aplomb qui passe toutes bornes
Et vont dans tous les plats sans mettre de chaussons.
D'autres tirent la langue aux passants, font des cornes
    Comme les limaçons ;

Mais aucun d'eux ne vaut ce Magnard adorable,
Ce prophète du JE ; cet apôtre du MOI,
Qui, le front couvert d'un toupet imperméable,
    Nous vient dicter sa loi.

Il sait tout, ce Magnard, sans effort et sans peine,
Et ne se mouche pas du pied, « pour une fois. »
Il pose des béquets, et raconte à de Pène
    Ce qui se passe au bois.

C'est un expert vraiment malin en toutes choses.
Ce n'est pas lui que Vrain-Lucas eût mis dedans.
Oh ! comme il eût vu clair dans tous ces pots aux roses,
    Avec ses yeux ardents !

Mais une ambition terrible le dévore.
Voilà le hic ! *il faut au vieux Villemessant
De bons petits garçons à leur première aurore,
    Purs, au cœur innocent,

Qui fassent la copie et les courses, nettoient
Le bureau, pensent bien, et tâchent d'être mis
Ainsi que des commis de nouveautés, et soient
   Résignés et soumis.

Tel ce doux Marx, ravi trop tôt à nos tendresses
Magnard aussi fut l'un de ces enfants de chœur
Pour qui Villemessant réservait ses caresses.
   Mais il n'a plus de cœur

A la besogne. Il a comme un vague dans l'âme!
On ne l'estime pas à sa juste valeur.
Ça l'embête! Après tout, de la divine flamme
   Il est un recéleur!

N'en vaut-il pas un autre? Et Magnard se consume
En efforts surhumains, montre ses muscles, tend
Sa jambe, tout couvert de sueur et d'écume.
   Mais il n'en faut pas tant.

O cher enfant! demeure à ta place, sois sage,
Ne mords personne. Il faut des crocs pour mordre. Vois
Tes petits compagnons! Quel souriant visage!
   Quelle charmante voix!

On est ambitieux. Plus tard on le déplore.
S'il se fût contenté de rester lieutenant,
Le Grand Napoléon serait peut-être encore
   Empereur maintenant!

  Compiègne, juin 1870.

XXXIII

Pour une Dévote.

I.

Que vous êtes belle à l'église,
Près des piliers massifs et lourds,
Sainte Thérèse et Cydalise,
Sur votre carreau de velours.

Je vous admire, les mains jointes,
Baissant vos cils longs et tremblants,
Vos brodequins laissant leurs pointes
Déborder les soyeux volants,

Avec vos poses extatiques
De nonne et de chatte à la fois,
Lorsque, sous les voûtes mystiques,
L'orgue fait entendre sa voix.

Quand montait l'odeur du cinname
Au ciel, entre chaque verset,
Bien souvent j'ai pensé, Madame,
Que c'était vous qu'on encensait.

II.

A vos pieds, ma tendre dévote,
Mon cœur, fier de s'humilier,
Danse doucement la gavotte :
Je veux baiser votre soulier.

Par le désir et la promesse
Vos yeux moites sont embellis :
Si j'étais le livre de messe
Que feuillettent vos doigts de lys ?

Si j'étais, dans l'ombre incertaine,
Le reliquaire bienheureux,
Si j'étais encor la patène
Où meurt votre souffle amoureux ?

III.

Grâce pour ces choses mondaines
Que je vous murmure bien bas :
Il est de galantes fredaines
Dont les cieux ne s'offensent pas.

Oui, nous pouvons, même à l'église,
Mon beau vase d'élection,
Unir, sans qu'on s'en scandalise,
L'amour à la dévotion.

Pour une Dévote.

Mon cœur dans votre cœur se noie,
Je vous adore avec ferveur,
Nos baisers frissonnants de joie
N'offenseront pas le Sauveur.

Sa charité même nous tente.
Il est bon à tout être aimant.
Pour Madeleine repentante
Il n'eut qu'un sourire charmant.

L'ami de Marthe et de Marie,
L'Agneau sans colère et sans fiel
Est indulgent lorsqu'on le prie
Sur vos fines lèvres de miel.

S'il trouve que notre caprice
Un peu trop loin s'émancipa,
Vous désarmerez sa justice
Par un mignon mea culpa,

Et répandrez, toute contrite,
Vos pleurs tendres et précieux,
Que sa main séchera bien vite
Pour ne pas voir rougir vos yeux.

Rennes, février 1862.

XXXIV

Les Jumeaux.

Lorsque Villemessant, ce Barnum des journaux,
Avait son Figaro de huit pages, que nos
  Petits-neveux avec ivresse
Commenteront, sa troupe et son corps de ballet
Éblouissaient les yeux. On montrait Monselet
  Dont la prose est une caresse ;

De Pène à son aurore et Noriac, depuis
Directeur du théâtre où Schneider et Dupuis
  Se livrent aux folles cascades ;
Cochinat, qui prenait sa peau pour encrier ;
Barbey d'Aurevilly faisant se récrier
  Jacob devant ses estocades ;

Lespès l'infatigable, et Bourdin et Jouvin,
Et Sarcey qui voulait, en ce temps, mais en vain,
  Nous mettre à l'École normale ;
Combien d'autres, actifs, vivants, audacieux,
Perchés ailleurs, ou bien, hélas ! pour d'autres cieux
  Ayant trop tôt bouclé leur malle !

Quand on avait tout vu, quand on avait longtemps
Admiré ces acteurs aux habits éclatants,
  Villemessant avec mystère

Disait : « Vous n'avez pas vu le plus étonnant.
Préparez-vous. Jamais rien d'aussi surprenant
  Ne s'est rencontré sur la terre.

C'est quatre sous de plus. Les dames n'entrent pas.
C'est là, Messieurs ! c'est là, derrière ce lampas.
  On peut toucher si l'on désire !
Ce phénomène étrange à deux têtes, que j'ai
Des griffes de Déjean à prix d'or dégagé,
  Est vivant et non pas en cire ! »

Sur un signe du maître alors Prével venait,
Agitant les grelots d'argent de son bonnet,
  Prenant les Price pour modèles,
Faisait deux sauts de carpe, en arrière, en avant,
Avec l'agilité d'un papion savant,
  Et Magnard mouchait les chandelles.

On tirait le rideau lentement. Le plafond
Était garni de ces voiles roses qui font
  Comme une lueur de féerie,
Et l'on apercevait Scholl et Wolff enlacés,
Immobiles, semblant inertes et glacés,
  Au fond d'une niche fleurie.

Ce n'était pas joli, mais c'était curieux.
On comprenait fort bien qu'on eût soustrait aux yeux
  Des dames un pareil spectacle,

Mais c'était curieux. On les eût dit fondus
L'un dans l'autre. C'était bien deux individus,
  Mais n'en formant qu'un par miracle !

Ces nouveaux Siamois différaient cependant
De visage : bouclé, moustachu, l'œil ardent,
  Wolff avait l'air d'un matamore ;
Un lorgnon insolent le faisait grimacer ;
Il avait l'air d'un brave en train de tout casser ;
  Sa voix était pleine et sonore.

Scholl, plus mélancolique, avait le front penché,
Et certe ! aucun rasoir ne s'était ébréché
  Sur les roses de sa figure ;
Sa voix d'enfant de chœur étonnait, et Flaubert
Avait dû copier sur cet ami d'Albert,
  Schahabarim, son vieil augure.

Mais si leurs traits n'avaient aucun rapport entre eux,
Si leurs voix produisaient un effet désastreux
  Pour nos lamentables oreilles,
Leurs proses, qu'on montrait en dépit des chaleurs
Dans un vase arrondi peint de folles couleurs,
  Leurs deux proses étaient pareilles.

« Prenez garde ! criait Villemessant. Ces deux
Jumeaux sont très-méchants. Je n'ose approcher d'eux,
  Même s'ils ont pris leur pâture ;

Les Jumeaux.

*Car le fameux dompteur Mirecourt, qui les a
Élevés, m'a dit que Wolff un jour le laissa
    Pour mort dans la cage-voiture.*

*Ils sont très-carnassiers. La réputation
D'une femme leur fait une digestion
    Plus agréable et plus facile ;
Les lettres, les secrets, ils n'en font qu'un repas.
Et moi-même, messieurs, oui, moi ! ne m'ont-ils pas
    Osé traiter de vieux Bazile !* »

*On sortait au plus vite, en se bouchant le nez.
Ce que sont devenus ces jumeaux façonnés
    D'une manière si cocasse,
On ne sait. Il se sont séparés, me dit-on,
S'étant fait opérer d'abord par Nélaton,
    Chacun emportant sa carcasse.*

*Wolff, disent les journaux, est marié. Pour Scholl,
Il doit être rentré brusquement sous le sol
    Ou filé vers un hémisphère
Quelconque. Après cela, qu'on le montre au Pérou
Comme objet singulier ou comme loup-garou,
    Mon Dieu ! pour ce que j'en veux faire !...*

Beaumesnil, juillet 1870.

XXXV

Halte de Comédiens.

La route est gaie. On est descendu. Les chevaux
Soufflent devant l'auberge. On voit sur la voiture
Des objets singuliers jetés à l'aventure :
Des loques, une pique avec de vieux chapeaux.

Une femme, en riant, écoute les propos
Amoureux d'un grand drôle à la maigre structure.
Le père noble boit et le conducteur jure.
Le village s'émeut de ces profils nouveaux.

En route ! et l'on repart. L'un sur l'impériale
Laisse pendre une jambe exagérée. Au loin
Le soleil luit, et l'air est plein d'odeurs de foin.

Destin rêve, à demi couché sur une malle,
Et le Roman comique au coin de la forêt
Tourne un chemin rapide et creux, et disparaît.

Mont-de-Marsan, février 1868.

XXXVI

Roman comique:

A. A... L...

I.

C'était dans un pays perdu de la Champagne,
Une bourgade pauvre assise à mi-coteau,
Mais souriante à l'œil, gaie, et jamais campagne
De verdure et de fleurs n'eut plus riche manteau.

En entrant : le bouchon avec la branche d'arbre,
Des toits rouges, l'église où nichent des pigeons,
La maison du notaire et sa plaque de marbre,
Puis la mare commune où poussent de grands joncs.

C'était en plein été, dans la saison superbe
Où les blés verts encor commencent à jaunir,
Quand le soleil, ainsi que ses brins une gerbe,
Disperse ses rayons et semble nous bénir.

Nous vivions là. Chacun te guettait au passage,
Et ta grâce, pareille à l'aube, étincelait,
Reine, et c'était pour toi que ce frais paysage,
Au tomber de la nuit, chaque soir s'étoilait.

Notre présence était un scandale, une joie,
Dans ce bourg ignoré qui cachait nos baisers.
Derrière les maisons blanches à claire-voie,
Les vignerons sur nous braquaient leurs yeux rusés.

« C'est des comédiens ! » disait-on, et sonore
Ton beau rire éclatait et nous passions gaîment,
Allant où va l'oiseau qui s'éveille à l'aurore,
Vivant au jour le jour, sans trop savoir comment !

II.

Quand tes pieds, où mes yeux voyaient des ailes blanches,
Tes pieds mignons chaussés de souliers pailletés
Caressaient le théâtre, il semblait que ces planches
S'ouvrissent à l'essaim de toutes les gaîtés.

Je me grisais de toi, caché dans la coulisse,
Tendant le cou, riant, fou d'amour, te buvant
Des yeux quand tu chantais, ô douceur ! ô délice !
Et j'oubliais ainsi ma réplique souvent.

J'entrais en scène avec l'air de sortir d'un rêve,
De l'huile à quinquet sur mon habit de gala;
Le régisseur faisait entendre sa voix brève :
J'avais maudit trop tard ma fille ce soir-là.

Jamais tu ne savais un seul mot de tes rôles ;
Quand je te reprochais de ne pas travailler,
Tu me riais au nez en haussant les épaules,
Et convaincu je te regardais babiller.

Lorsque nous revenions, par les belles nuits claires
Que font les jours d'été, d'un théâtre voisin,
Je prenais dans mes mains tes mains pâles et chères,
Pendant que tu cachais ta tête dans mon sein.

III

O souvenirs lointains ! C'est dans les grandes villes
Que tu vas à présent, digne, froide, riant
Rarement, oubliant ces doux bonheurs faciles
Dont notre vie allait, autrefois, s'égayant.

Célimène, veux-tu quitter ces nobles planches,
Et, ton bras à mon bras, revenir un matin
Aux tréteaux ingénus enfouis sous les branches
Et que je sois encor ton cavalier Destin ?

Veux-tu recommencer ce rêve d'aventure
Par les monts, par les bois ? Hélas ! voici l'hiver ;
Et la froide saison qui fait la terre dure,
Fait aussi dur et froid ton œil jadis si clair.

*Le velours t'a gâtée. Hélas ! tu ne regrettes
Rien de ce passé tendre à l'éclat argentin,
Et si tu me voyais sur nos vieilles charrettes,
Tu dirais en passant : « Quel est ce cabotin ? »*

Orléans, mars 1864.

XXXVII

A Jacques de Launay.

*Donc, pour mettre près du bourgeois morose
Un contraste frais, innocent et doux,
Mariant des tons de lys et de rose,
Te voilà, Bébé, venu parmi nous ?*

*Cher souffle d'amour, ô bulle de joie,
Te voilà ! Tu ris, petit enjôleur ;
Sans savoir pourquoi, tu viens. On t'envoie
De même qu'Avril envoie une fleur.*

*Sois le bienvenu. Près de ta couchette
Tu peux voir déjà des tas de papiers
Sur lesquels ton père écrit, en cachette,
Des récits, des vers en l'air épiés.*

A Jacques de Launay.

L'ami qui t'écrit, enfant, fait de même.
Il est très-content quand, au bout d'un jour,
Dans un clair sonnet, dans un frais poëme,
Il a fait passer un éclair d'amour.

Ça n'a l'air de rien, petit, cette chose
De jeter ainsi son cœur en des vers,
De parler des champs avec qui l'on cause ?
Votre vie en va toute de travers.

On souffre beaucoup quand cette folie
Vous vient d'imiter tous ces gueux défunts
Chez qui l'auréole au carcan s'allie,
Et qui du fumier tiraient des parfums.

Et pourtant, plus tard, lorsque, beau jeune homme,
Tu verras s'ouvrir la vie à tes yeux ;
Quand tu comprendras ces choses qu'on nomme :
Amour, Foi, Vertu, mots religieux !

Si tu vois venir l'étrange Sirène
Qui porte la Lyre auguste en ses bras
Et vers le rocher sacré nous entraîne,
Suis-la, mon enfant, ne recule pas.

Et tu souffriras, et des larmes rouges
Voileront tes yeux, et tu chanteras
La splendeur du ciel, peut-être, en des bouges
Pleins de scorpions grouillant sous tes pas.

Et tu seras pauvre, et la calomnie
Bavera sur toi; le public haineux
T'en voudra d'avoir sous son ironi,
Le cœur droit et pur, le front lumineux.

Tout ce mal, j'en souffre encore. Qu'importe!
L'âme en ces combats s'élève et grandit,
Elle sait, et c'est ce qui la rend forte,
Que, hors le méchant, rien ne fut maudit.

Puis, dans cette vie, il est des ivresses
Qu'un poëte seul goûte pleinement!
La beauté des bois, leurs saintes caresses,
L'or de l'astre au fond du bleu firmament,

C'est pour lui. Lui seul comprend la nature.
Aussi, quand rêveur il vient, les jaloux
Demandent comment, malgré la torture
De chaque heure, il est si calme et si doux.

Et maintenant ris, et maintenant joue,
Sans te soucier encor du destin,
Et tends en passant ta petite joue
Au baiser ému du vieux cabotin.

Paillole, juillet 1868.

XXXVIII

A Cosette.

*Cosette ! le printemps nous appelle. Fuyons
La chambre longtemps close et les murailles sombres,
Allons dans la campagne où, dissipant les ombres,
Tombe la pluie ardente et folle des rayons.*

*Tristesses de l'hiver, allez-vous-en ! Rions,
Puisque avril nous revient, et que dans les décombres
Fleurit la giroflée, et que toutes pénombres
S'ouvrent au clair soleil, père des papillons.*

*Je chercherai la rime aux buissons accrochée,
Et je découvrirai la dryade penchée
Sur le miroir des eaux qu'éblouissent ses yeux.*

*Toi cependant, Cosette, ô ma chienne, ô ma fille !
Dans les champs où la vie excessive fourmille,
Tu lanceras au ciel tes aboîments joyeux.*

Toulon, avril 1869.

XXXIX

Dans la rue.

Hé, là-bas! hé! la jupe au vent!
Ohé! la petite personne,
Arrêtez-vous. Mon cœur frissonne
En proie à l'espoir décevant.

Oh! le beau corsage mouvant!
Et comme l'amour déraisonne
Devant ces grands yeux d'amazone
Plus clairs que nul soleil levant!

Arrêtez-vous donc! Elle trotte
Sans répondre, et gardant ses bas
Immaculés, vierges de crotte.

Je reviens, mes projets à bas,
Mais content, car c'est gai la rue
Quand Rose vous est apparue!

Nice, mars 1869.

XL

A Sully Prudhomme.

Rien n'est plus ennuyeux que ces villes banales,
Débitant le soleil à faux poids, ou des eaux
Qui doivent aciérer nos muscles et nos os;
Pays d'albums usés, stations hivernales.

Des princes vagabonds illustrent leurs annales;
Les hôteliers hargneux combinent des réseaux,
Et l'on voit fuir au loin la joie et les oiseaux
Devant de laids bourgeois livrés aux saturnales.

Mais qu'un jour, le hasard, généreux quelquefois,
Fasse se rencontrer dans ces hôtelleries
Deux amoureux de vers et de rimes fleuries,

Tout s'égaye aussitôt : on voit germer des bois
Sur le trottoir fangeux, et les Muses fidèles
Font taire tous les bruits épars à grands coups d'ailes.

Nice, mars 1869.

XLI

A Alexandre de Bernay.

Mon vieux compatriote, on t'oublie. On déterre
Chaque jour, dans le fond de quelque monastère,
Un rimeur enfoui sous l'herbe et les plâtras ;
On ressoude ses vers mutilés par les rats,
On leur remet des pieds; on les commente; on glose;
Un savant les encadre au milieu de sa prose :
Puis, un matin, Jean Tournebrousche renaît !
On en parle, on le cite, et son moindre sonnet
S'enfonce comme un coin dans toutes les mémoires.
Et toi, mon Alexandre, hélas ! quelles armoires
Dérobent tes chefs-d'œuvre à l'admiration
D'Asselineau chagrin ? O sombre question !
Tous les morts oubliés s'en viennent à la file
Réclamer leur soleil chez le bibliophile.
Et toi, brave homme, toi, couché tranquillement
Sous le gazon épais du bon pays normand,
Tu laisses en avril croître la violette
Et les frais liserons auprès de ton squelette,
Sans jamais demander si monsieur Taschereau
Prit soin de te coller au dos un numéro !
C'est trop de modestie, et je veux, Alexandre,
Moi qui suis ton pays, glorifier ta cendre

A Alexandre de Bernay.

Sur ce mètre pompeux, de tous le souverain,
Et que nous te devons, le large alexandrin.
Car ce vers souple et fier aux belles résonnances,
Où l'idée est à l'aise et prend les contenances
Qu'il lui plaît, ce grand vers majestueux et doux,
Et que Pierre Corneille, un autre de chez nous,
A fait vibrer si clair et si haut, c'est ton œuvre;
Œuvre solide et bonne, et que nulle couleuvre
N'attaquera jamais sans y laisser ses dents!

Notre sol plantureux, qui pour tous les Adams
Fait mûrir au soleil la belle pomme ronde,
A l'heur incontesté de t'avoir mis au monde.
Sous les arbres touffus de Bouffey, tu grandis
Au milieu de forts gars, tous fiers, joyeux, hardis,
Robustes paysans dont la blouse rustique
Rappelle des Gaulois le vêtement antique,
Gens faits pour la charrue et faits pour la chanson!
Sifflant avec le merle, écoutant le pinson,
Regardant le ciel pur rire à travers ton verre,
Tu chantais, Alexandre, en libre et franc trouvère,
Tes amours, tes gaîtés, comme nous faisons tous;
Les rimes s'échappaient bruyantes par les trous
De ton cerveau fêlé.

     Certes, plus d'un notable,
Le soir, haussait l'épaule en se mettant à table,
Lorsque tu revenais, par la porte d'Orbec,
Maigre comme un héron qui n'a pâture au bec,
Le nez rouge, les yeux ouverts sur les étoiles,

Dans un oubli profond des fabricants de toiles,
De rêver dans les champs aux gestes et hauts faits
D'Alexandre et Porus, ces chevaliers parfaits
Qui combattaient sous l'œil de madame la Vierge.
Que t'importait cela ? Dans ton manteau de serge,
Tu passais indulgent, et scandant sur tes doigts
Les syllabes d'un vers entendu dans les bois.

Mais les mètres anciens te gênaient. Ta pensée
Gaillarde en leurs anneaux étroits était froissée.
Au cidre généreux il faut un vaste fût ;
Tu crias : « De l'audace ! » et l'alexandrin fut.

Eh bien, parmi tous ceux, faiseurs de tragédies,
De drames, de sonnets, de strophes engourdies,
Qui te prennent ton vers journellement, pas un,
Illustres, ignorés, gras, bien repus, à jeun,
Pas un, mon vieux ami, qui de toi se souvienne !
La gloire de ce vers cependant est la tienne.
Ton poëme est mortel comme ennui, j'y consens,
Mais tu créas le moule où des fondeurs puissants
Ont versé le métal du Cid *et des* Burgraves.
Tu saisis le vieux vers et brisas ses entraves ;
Bon ouvrier modeste, auquel, en ce moment,
J'apporte mon tribut de barde et de Normand !

Propriano, septembre 1869.

XLI!

Carte de visite.

I

Nous montions alors de gais hippogriffes
Au sabot d'azur, à l'aile de feu,
Nous escaladions tous les Ténériffes
Qui dressent le front dans le pays bleu.

Les heures passaient, folles, inégales,
Mais sonnant la joie et chantant l'espoir.
Étions-nous heureux, ferreurs de cigales,
De vivre en plein jour les rêves du soir!

O jours bourdonnants tout remplis d'abeilles,
Comme l'air flambait! Comme l'horizon
Foisonnait de fleurs aux astres pareilles..
Et l'amour chantait si haut sa chanson!

Quand Margot venait, c'était Cydalise,
Et sa gorge au vent et ses cheveux fous
Faisaient oublier qu'on voit à l'église
Des gens réclamer le titre d'époux.

Nous battions les champs, même quand décembre
Soufflait sur nos doigts et cachait avril ;
Le nuage noir semblait être d'ambre ;
Nous portions au front un nimbe subtil.

II

Douze ans ont passé depuis cette époque,
Appesantissant chaque jour leur pas :
Ami, qu'as-tu fait de notre défroque
De riant satin et de taffetas ?

Ta femme, en voyant ces choses fantasques,
Souvenirs joyeux du printemps dernier,
Dirait que « c'est bon pour courir les masques, »
Et les jetterait au fond du grenier.

Où diable as-tu pris cette puritaine
Qui pince la lèvre en parlant ? Hélas !
Pour avoir suivi la route incertaine
Chère aux vagabonds, tu t'es senti las !

C'est une commune et fatale histoire,
Au licol qui s'offre on dit : « Eh bien ! oui ! »
Le notariat a chanté victoire :
Un artiste encor s'est évanoui.

III

J'ai vu ta maison et j'ai vu tes roses.
La maison est gaie et les roses ont
Toujours le parfum des aimables choses,
Et mon cœur en est triste jusqu'au fond.

Oui ! c'est le repos, le calme, le rêve
D'indolence qui parfois traversa
Notre tête aux mois bruyants de la sève,
L'eau vive, l'enclos, mais ça n'est pas ça !

Car les paradis qu'on voit sur la terre,
Touffus de lilas et pleins d'églantiers,
Prennent tout à coup un aspect austère,
Quand ces paradis ont des guichetiers,

Quand, au lieu des voix que l'on veut entendre
Dans le demi-jour, frais, mystérieux,
Un gros monsieur vient qui vous dit : « Mon gendre,
Il faut devenir enfin sérieux ! »

IV

C'est pourquoi je pars encore, et me livre
Aux sentiers tournants, inconnus et verts,

Sentant que jamais je ne pourrais vivre
Exilé des chants, du rire et des vers.

Bien que des fils gris argentent mes tempes,
Mon cœur bat toujours fier, insoucieux,
Je veux conserver ardentes les lampes
Du cher sanctuaire où trônent mes dieux !

O Jeunesse ! Amour ! Liberté féconde !
Vous que les poltrons ne connaissent pas,
Guidez à travers l'infini du monde,
Votre vieil ami qui vous tend les bras !

Si ! nous cueillerons encor des étoiles
Dans les vastes cieux frissonnants et clairs,
Nous verrons encor, terrible, sans voiles,
La grande Vénus aux yeux pleins d'éclairs !

V

Donc, adieu, mon pauvre enterré ! Sois sage,
Puisque la sagesse, à ce qu'il paraît,
Consiste à cloîtrer l'oiseau de passage
Qu'effrayait le vent froid de la forêt.

Pour moi, dont la peau tannée et roussie
Par tous les soleils ne redoute rien,
Je suis ma chimère et ma fantaisie,
Poëte lyrique et comédien !

Et quand j'atteindrai le bout de la voie,
Enivré d'espace et plein d'univers,
Je mourrai, le cœur débordant de joie,
Murmurant encore une fin de vers.

Ostende, mai 1866.

XLIII

Épilogue.

Louange à Dieu ! Je peux croiser les bras. Mon livre
Appartient maintenant à la Postérité.
Qu'ils s'arrangent tous deux ! Quant à moi, je me livre
Au charme du Rien faire *avec sérénité.*

O mes vers ! On dira que j'imite Banville,
On aura bien raison si l'on ajoute encor
Que je l'ai copié d'une façon servile,
Que j'ai perdu l'haleine à souffler dans son cor.

Ce reproche est amer, mais ne me fend point l'âme,
Je ne sens nul remords et dors tranquillement,
Et si Zola, pareil à Pet-de-Loup, me blâme,
Je répondrai : « Je n'ai pas de tempérament ! »

Hélas! comme l'on doit accabler ma vieillesse
Sous les coquelicots de mon frivole herbier,
Quand un Sacy futur aura la gentillesse
De coudre à mon habit les palmes de Barbier,

Je n'ai rien à répondre. Aussi je me résigne,
Regardant vaguement les nuages passer,
Tout en songeant, avec l'indolence du cygne,
Au poëme qu'il faut demain recommencer.

* * *

Je me trouve à présent au carrefour d'Hercule,
Placé comme Robert entre Alice et Bertram.
Le Vice me dit : « Viens! » et la Vertu : « Recule! »
Le machiniste est là, sombre, près du tam-tam!

La Vertu, maigre, oh! maigre à faire peur, m'attire
Près d'elle, et son bras jaune a l'air d'un échalas:
« A force de rêver au bois où le Satyre
Se conduit mal, dis-moi, mon fils, n'es-tu pas las?

Sois un homme à présent, fait-elle. Tu constates
Souvent qu'on mange peu le long des grands chemins.
Laisse là tes chansons folles, fais des cantates,
Et les honneurs pleuvront dans ta poche et tes mains.

Épilogue.

Fais-toi d'abord couper les cheveux. Les gendarmes
N'aiment pas, tu le sais, ces êtres chevelus
Qu'on rencontre dans les rochers pleins de vacarmes,
Épiant les plongeons des torrents dissolus.

Laisse la Fantaisie et sa crinière blonde.
Vois Manuel. Il est célèbre. Coquelin
Récite tous les soirs ses vers dans le beau monde;
Mais il vit loin des gueux, en habit zinzolin ! »

Le Vice, ange gardien de mes jeunes années,
Mon compagnon fidèle et l'actif artisan
De mes strophes d'avril au vent abandonnées,
Le Vice, gai, joyeux comme la Trévisan,

Me tiraille à son tour et me dit : « Faux poëte !
Veux-tu bien lâcher là cette duègne. Crois-tu
Que les astres en feu luisent sur notre tête
Pour te voir réciter des vers à la Vertu !

Si tu la connaissais, cette existence, bonne
Pour inspirer l'horreur du rire et des rayons !...
Les hommes vertueux s'appellent Ratisbonne.
Tu ne t'appelles pas Ratisbonne, voyons !

Tu n'as pas fait ces vers que nous nous empressâmes
Bien vite de porter au prochain pavillon
A trois sous : Le pays des ânes ou des âmes,
Où Corneille abruti trinque avec Boquillon !

Reste avec moi. Courons par la plaine enivrée !
On ne te verra pas sous les riches lambris,
Mais ton manteau râpé vaut mieux qu'une livrée
Dont les merles riraient sous leurs mouvants abris.

Au lieu d'entretenir Cora Pearl en cachette,
Tu te promèneras avec la belle enfant
Dont le rire amoureux fait un bruit de clochette,
Et qui montre aux rosiers son corsage bouffant.

Répare tes erreurs par des erreurs nouvelles,
Aime, bois sous la treille, et la Muse aux beaux yeux
Que d'un poignet hardi, le soir, tu déchevelles,
T'emportera d'un bond dans l'éther spacieux ! »

Gens graves, je ne puis encore être des vôtres.
Mon nid m'attend au bois vert où je le suspends,
Je ferme mon oreille aux voix de vos apôtres,
« JE VOUS LAISSE ET JE RESTE AVEC MES CHENAPANS. »

Sans doute, je pourrais avoir plus de tenue,
Être moins débraillé, mettre un fichu décent
A mes strophes qui vont parfois la gorge nue,
Surtout lorsque juin fait le ciel incandescent ;

Épilogue.

Je pourrais être digne, inspirer à ma bonne,
Vieille au tablier blanc, un respect sans égal,
Oui, mais rimer des vers ainsi que Ratisbonne,
C'est à vous faire fuir jusques au Sénégal.

Et puis je veux encor lire la Joie écrite
Dans l'univers, au mois enchanté des aveux.
Je suis trop jeune pour devenir hypocrite,
Je n'ai pas l'âge où l'on fait rougir ses cheveux.

Je pourrais, ô bourgeois ! gardant une attitude
Noble, épouser ta fille et te rendre... Dandin,
Et tu m'infligerais deux ans d'ingratitude,
Comme Régnier dans les drames de Girardin,

Et tu te draperais dans ton rôle sublime !
Non, non ! si je te fais cocu, tu le seras
Suivant toutes les lois de l'ancien jeu, sans frime,
Content, épanoui, grotesque, et tu riras !

Et ces chants cascadeurs et fous où je m'amuse
Seront bientôt suivis d'autres, en vérité !
Le docteur Desfossez, en auscultant ma Muse,
Est resté stupéfait de sa forte santé !

Donc, adieu les honneurs ! Je vais sous les charmilles
Où résonnent, mêlés au chant des violons,
Les propos amoureux et gais des belles filles
Sans bonnet pour couvrir leurs cheveux noirs ou blonds !

Insoucieux et libre, et contant mes poëmes
A l'oiseau des forêts, à la fleur des buissons,
Me plongeant plus avant dans les franches bohèmes
Où l'on ne connaît pas l'odeur des trahisons,

Heureux, avec l'unique et seul désir dans l'âme
De vivre indépendant, loin des Rogat sournois,
Je pars, sûr que jamais, si la foule m'acclame,
Elle ne dira : « Tiens! c'est le beau Duvernois! »

Beaumesnil, août 1870.

APPENDICE.

N corrigeant, après deux ans d'interruption, les épreuves de ce volume, nous nous demandions si nos innocentes plaisanteries, peut-être de mise avant le 4 septembre 1870, ne paraîtraient pas s'adresser à des gens tombés à terre, ce qui eût été peu généreux; mais les hommes de l'Empire sont tombés à la manière des clowns, et les voici qui rebondissent sur le tremplin; leurs journaux sonnent des fanfares insolentes, ils se targuent d'une prochaine restauration, et leurs mouches bourdonnent fétides

et noires. Nous laissons donc à notre livre son allure première, et nous le complétons, sans remords, par ces cinq pièces récentes et conçues dans la même gamme que leurs aînées.

Un *Index* serait peut-être utile pour un livre de ce genre. Il est fait mention dans ces pièces, improvisées au hasard du journalisme parisien, de quelques êtres obscurs, accidents quotidiens nés d'un fait divers, décrotteurs du *Figaro* aussitôt oubliés qu'aperçus. Mais à quoi bon ? Quand le public saurait que Rogat et Covielle désignent le même imbécile, en quoi serait-il plus avancé ?

A. G.

Paris, avril 1872.

I.

A Pierre Véron.

*L'an dernier, quand Avril chantait, j'avais dressé
Un tréteau, par la brise errante caressé,
Dans votre gai journal, indulgent pour mes odes.
Laissant au magasin la Lyre des Rhapsodes,
J'avais saisi le fifre aigu, puis un matin,
Sans trop m'inquiéter si le ciel incertain
Promettait du beau temps ou se chargeait d'orage,
Soufflant dans le bois noir, et tapant avec rage
Sur la caisse, j'avais attiré les passants.
Le spectacle avait pris : mes contrôleurs absents
Eussent pu quelquefois venir m'avouer cette
Somme énorme, trois francs cinquante de recette.
Cher théâtre ! où, parmi les cris, les chants moqueurs,
Un applaudissement ignoré des claqueurs
Éclatait, libre écho de la libre nature !
Ma Muse, aventureuse et leste créature
Rencontrée en voyage, un jour qu'elle buvait
L'eau vierge des torrents, dansait et recevait
Les spectateurs avec un sourire plus rose
Et plus charmant à voir qu'un feu d'apothéose.*

Nous chansonnions alors les puissants du moment,
Taillant à leur mesure un petit monument
Portatif, et pouvant se cacher dans la poche.
Mériter les bravos austères de Gavroche,
Tel était notre plan dans toute sa candeur.
Or, un jour que, cherchant à prouver notre ardeur
A complaire au public, nous réparions nos toiles
Et remettions de l'or aux rayons des étoiles,
Prétextant on ne sait quels futils affronts,
La Guerre secoua sa torche sur nos fronts;
Bonaparte en hurlant s'enfuit fou d'épouvante,
Terrifié devant cette masse mouvante,
Implacable, sinistre, et dont un froid compas
Semblait avoir marqué rigidement le pas.
L'invasion monta, grouillante, lente, sûre,
Laissant de son talon l'immonde flétrissure
Pour longtemps imprimée aux villes, aux hameaux.

Oh! qui dira jamais notre angoisse et nos maux
Pendant ces jours de nuit et de désespérance
Où Paris, séparé du reste de la France,
Souffrait stoïquement, et succombait enfin,
Vaincu par la misère et le froid et la faim?
Et puis, quand on croyait revoir l'immense ville
Renaître et respirer, c'est toi, Guerre civile,
Spectre hideux, qui vins, louche, horrible, allumant
La rage dans les cœurs, et jetant le ferment
D'une haine éternelle et sourde entre deux races
Dont l'une couve l'autre avec des yeux voraces,

*Et qui pourtant, au fond, ne sont que les deux sœurs
Faites pour la famille et ses pures douceurs !*

*Pendant qu'à tous les vents les sinistres trompettes
Lançaient avec fracas le signal des tempêtes,
Que pouvait devenir mon théâtre forain ?
Il s'effondra.*

          *Plus tard, quand dans le ciel serein
L'ardent consolateur, le soleil, dans sa joie
Parut, disant au pré vert : « Respire et flamboie ! »
— Veux-tu, fis-je à la Muse, édifier encor
Nos tréteaux et sonner comme autrefois du cor ?
Revêts le jupon court qui sied à Zéphyrine
Et courons au plus tôt dire qu'on tambourine
Le spectacle brillant et varié du soir.
— Non ! répondit la Muse. Il convient de surseoir
A ces frivoles jeux d'un autre temps. Mon âme
Est pleine de tristesse et le courroux l'enflamme.
Non ! je ne rirai plus. Reprenons, reprenons,
Loin de ces tribuns faux dont j'efface les noms,
L'égoïste travail de nos jeunes années.
Fuyons vers le passé. Que molles, enchaînées
Par des rimes d'or pur, nos strophes largement
Tombent, célébrant Zeus immortel et clément !
Ah ! réfugions-nous dans l'Art inaltérable
Et laissons les humains à leur sort misérable !
Aimer ? souffrir encore ? Je ne veux pas. Assez
D'illusions ainsi, de rêves éclipsés !
Je ne veux plus brûler l'idole de la veille,*

Découvrir un frelon où j'aimais une abeille.
Statuaire, à ton marbre; ô peintre, à tes pinceaux!
Toi, poëte, va-t'en le long des clairs ruisseaux.
Là, Naïs aux beaux yeux que ton abandon navre
Te récompensera d'oublier Jules Favre,
Car sa lèvre est charmante, et les nids des buissons,
Lorsque, rose, elle s'ouvre, y prennent leurs chansons!
Artiste, ignore tout ce qui n'est pas l'art même,
Et donne-moi la main, et reprenons le thème
Que nous développions quand les rameaux flottants
Faisaient une ombre douce autour de nos vingt ans!
— Non, Muse : je le veux! remettons notre masque!
Et recouds des grelots à ton bonnet fantasque,
Nous n'avons pas le droit de nous abstraire ainsi
De ce qui nous entoure et de n'avoir souci
Que de courir après la Chimère idéale,
Quand la Patrie est là, souffrante encore et pâle;
Après tant d'espoirs vains, de lâches abandons,
Tiraillée en tous sens par sept cents myrmidons!
Que ceux de qui la main tient la Lyre terrible
Démasquent brusquement quelque Méduse horrible
Devant les renégats et les menteurs. Pour nous,
Dont le talent se borne à souffler dans les trous
Du fifre tapageur, acceptons notre tâche.
Ne crains pas que le Dieu que nous servons s'en fâche :
Nous pouvons, en gardant notre culte sacré,
Descendre sur le sol autrefois exécré,
Et rire des petits, étant petits nous-mêmes.
Ainsi, quand nous voyons, après les Magnards blêmes,

A Pierre Véron.

Plus fier que Bonaparte au jour de Marengo,
Un Koning au collet prendre Victor Hugo,
Et lui dire : « C'est moi qui suis le vrai colosse ; »
Quand Wolff, ce Prussien béat, louche et féroce,
Sur Rochefort captif se vient casser la dent,
Nous pouvons nous dresser, ô Muse, l'œil ardent,
Et chansonner ces fous dans nos Mazarinades.
Viens! Nous pimenterons quelque peu les panades
Que Versailles nous sert, gais, alertes, railleurs,
Riant de tous, n'étant d'aucun parti, d'ailleurs,
Restant indépendants en chanteurs que nous sommes.
Regardant sous le nez, sans respect, nos grands hommes,
Et gardant notre amour dans toute sa fierté
Pour toi seul, ô génie auguste, Liberté! »

Allons, c'est dit! Plantons les pieux de la baraque,
Tendons la toile dont parfois le tissu craque,
Et tâchons, en rentrant derrière nos portants,
Que Madame et Monsieur le Maire soient contents!

Lillebonne, septembre 1871.

II

Dans les maquis.

Alors qu'Abbatucci, l'honnête mandataire
Que la Corse envoyait à Paris pour se taire,
  Et qui se taisait en effet
Comme on ne se tait pas, lorsqu'Abbatucci, dis-je,
Vit qu'il fallait parler, tout à coup, ô prodige,
  Il en demeura stupéfait.

Il se gratta le front lentement, le cher homme!
Puis secouant la tête, il éternua comme
  Pris d'un fort rhume de cerveau,
Boutonna son habit, dit gravement : « Sois forte,
C'est le cas, ô mon âme ! » et parla de la sorte
  Aux électeurs de Zicavo :

« O chasseurs de mouflons, bergers dont la peau lisse
Se brunit au soleil, espoir de la police,
  Pâtres, témoins au front d'airain,
Oui, Bellacochia, vieux bandit vénérable,
Blanchi dans la forêt sous le chêne et l'érable,
  C'est bien moi, votre Séverin.

Dans les maquis.

Tant qu'il vous a suffi d'un pieu, je vous en donne
Ma parole, j'ai fait le pieu, sainte Madone !
  Et quel pieu, mes amis, quel pieu !
Un pieu stoïque, un pieu qu'envîrait le dieu Terme,
Mais toute chose doit, hélas ! avoir un terme,
  Aujourd'hui c'est un autre jeu.

Notre bon empereur gémit dans la misère,
Son casque sur le sol ainsi que Bélisaire,
  Lui, le Messie et le vainqueur !
Sa femme va blanchir du linge en ville, et Pierre,
Comme garçon de peine est chez une tripière
  Entré, sans gaîté dans le cœur !

Or, s'il est une chose à présent opportune,
C'est de faire connaître à tous cette infortune
  Si respectable, car il est
Des lieux comme Paris où chacun vous raconte
Que notre empereur vit largement et sans honte
  Avec l'argent qu'il nous volait;

Qu'il a des bois, des champs, des châteaux ! Puis encore
Toute une basse-cour de gredins qui picore
  Des sous dans le creux de sa main !
Voilà ce que l'on dit à tout venant en France,
Et ce mensonge infâme, avec persévérance
  Répété, ferait son chemin.

C'est pourquoi nous voulons une forte nature,
Un orateur qui puisse écraser l'imposture
   Ainsi qu'on écrase un crapaud !
Je serais bien ce foudre éloquent et farouche,
Mais vous me connaissez : lorsque j'ouvre la bouche,
   Je deviens muet comme un pot !

Je ne sus que voter et me taire, pour cause,
M'éclipsant des endroits fréquentés où l'on cause.
   Mais j'ai l'homme que nous cherchons.
C'est un gaillard que rien n'intimide et qui jure
Au besoin, toujours plein, pour gagner sa gageure,
   D'arguments secs ou folichons.

C'est l'illustre Rouher ! c'est ce ministre auguste
Dont la parole, à la tribune, avait tout juste
   La valeur d'un vieil assignat.
Amis, votez pour lui. Sans doute il n'est pas Corse,
Hélas ! cela se voit assez à son écorce,
   Il n'est encore qu'Auvergnat.

Mais on peut lui chanter : « Arme ta carabine ! »
Jadis, quand il était encor dans la débine,
   Simple avocat que l'on blaguait,
Il entra nuitamment dans la bande de l'homme,
Qu'en son langage impur le Parisien nomme
   Jean de Nivelle ou Badinguet.

Il fut un des héros de Décembre. Les manches
Au coude, il vit couler le sang par avalanches
  Et fit : « Quoi ! c'est déjà fini ! »
Quand les proscrits, jouets du vent et de la lame,
Furent partis. On eût dit qu'il avait pris l'âme
  De notre excellent Massoni !

Dirai-je ses exploits ? La guerre du Mexique,
Les bons où de Jecker la probité classique
  Éclata, ces fiers démentis
Lancés à Kératry, ce curieux trop drôle !
Et comment il savait éteindre à tour de rôle
  Les députés de tous partis ?

Nommez-le, mes amis ! Nommez-le ! Que l'aurore
Des jours de Bonaparte et du grand Théodore
  Poli se lève sur nos monts,
Et nous pourrons après nous livrer sans contrainte
Au charme renaissant de ta divine étreinte,
  Far-niente *que nous aimons !*

Les Corses ont dit : Oui ! Et c'est pourquoi Versaille
Verra prochainement ramper dans ses broussailles
  Où l'écho des fêtes s'est tu ;
Rouher, la cartouchière au côté, l'œil oblique,
Guettant par quel chemin passe la République,
  Couvert du pelone pointu;

Et, comme le Rosso, mâchant une châtaigne,
Sans bruit en attendant que sa vengeance atteigne
  La Vierge aux regards sans effroi,
A moins que brusquement, faisant tomber son arme,
Ne surgisse, de l'ombre épaisse, un bon gendarme
  Qui lui dise : « AU NOM DE LA LOI ! »

Lillebonne, septembre 1871.

III

Versailles.

> Et tu n'auras bientôt qu'un peuple de statues.
> TH. GAUTIER.

Elle était belle en sa fière tristesse,
La froide ville au parc silencieux,
Elle était belle avec ses airs d'Altesse,
Calme devant le sort disgracieux.

On y rêvait. Sous le feuillage sombre,
Hugo parlait au rustique Sylvain
Lassé de rire en sa retraite où l'ombre
Montait vers lui du noir et froid ravin.

L'herbe croissait paisible dans les rues
Où tout était correct et régulier.
Rien de heurté, nulle de ces verrues
Qu'à ses grandeurs Paris sait allier.

Parfois le soir, au bras d'un militaire
Vêtu d'azur, arrogant comme un paon,
Un cordon-bleu passait avec mystère,
Et l'on disait : « Louis et Montespan ! »

Louis-Philippe avec son parapluie
Déteignait bien un peu sur ces splendeurs.
Tout murmurait : « Dieu ! comme je m'ennuie. »
Le vent bâillait entre les ifs boudeurs.

Mais, somme toute, on se sentait plus grave,
Et l'on gardait de ce riche tombeau
L'impression qu'en nos souvenirs grave
Ce qui fut grand et ce qui reste beau.

Mais aujourd'hui rompant enfin le charme
Qui l'enchaînait, la Belle au Bois-Dormant,
Depuis cent ans, calme dans le vacarme
Et l'ouragan, s'éveille brusquement.

Elle détire en l'air ses bras d'ivoire,
Tord ses cheveux ruisselants dont pas un
D'un fil d'argent n'outrage l'ombre noire;
Elle sourit, et fait signe à Lauzun.

Voici les jours revenus où Molière
Divertissait la cour du Roi-Soleil;
De beaux seigneurs à mine cavalière
Vont nez au vent et regard en éveil.

Bons mots de cour, chroniques scandaleuses,
Récits badins qu'un clin d'œil achevait,
Vont revenir aux lèvres persifleuses;
Voici Dangeau qui remorque Blavet.

Boileau défunt en Sarcey ressuscite;
Quant aux guerriers, couverts de gloire et d'or,
Nous en avons, autant qu'il est licite
D'en posséder, peut-être plus encor.

O parodie! On peut voir sur la scène
Où Nicéphore ennuyait Conradin,
Venus du Var aux rives de la Seine,
Les députés, côté cour et jardin.

La joue en feu, telle qu'une pivoine,
Entendez-vous l'aimable Lorgeril?
« Pater noster! » murmure Prétavoine,
Songeant aux foins qu'on lui dit en péril.

Versailles.

Mignard n'a plus rien à faire : ces ventres,
Ces grosses mains qui sentent le fumier,
Ces nez de pourpre et ces bouches de chantres
Sont de plein droit réservés à Daumier.

Ils vont partir ces gamins centenaires
Pour le pays où maman les attend.
Versailles va, comme aux temps ordinaires,
Demeurer vide au bord de son étang.

Oh ! qu'elle y reste et jamais ne revoie
Tous ces fermiers cravatés blanchement,
Qui peuvent faire un instant notre joie,
Mais nous font trop pleurer en ce moment.

Qu'elle reprenne, avec la solitude,
Sa majesté, son calme, sa grandeur,
Et nous viendrons, loin de la multitude,
Fêter encor cette vieille splendeur.

Car, ô cité des gloires abattues !
A tes ruraux, chéris du bonnetier,
Nous préférons le peuple de statues
Que te promit Théophile Gautier,

Et nous pleurons, nous les gens du Permesse,
Lorsque les gars de Brest et du Poitou,
Voulant pousser les peuples à la messe,
Blessent les yeux des filles de Coustou.

Mais nous rirons, si ce prochain décembre
Tu nous fais voir, ô pays solennel !
Droits à leur poste, aux lieux où fut la Chambre,
Tes gargotiers consolant Ravinel.

Beaumesnil, septembre 1871.

IV

Le Casque.

Il est grotesque et pue encore.
Par le vert-de-gris assailli,
Un aigle de cuivre décore
Cette marmite en cuir bouilli.

Il est là, sur la cheminée,
Dominant le foyer ancien,
Près d'une chouette consternée :
C'est le casque d'un Prussien.

Trophée horrible et ridicule !
C'est la coiffure du vainqueur.
En l'apercevant on recule
Glacé jusques au fond du cœur.

Le Casque

O paysan, que l'avarice
A repris en ses maigres doigts,
Dis-moi que ton poil se hérisse
D'horreur lorsque tu l'aperçois !

Il ornait le chef d'un bravache,
D'un bellâtre à longs favoris
Jaunes, de ceux que l'on cravache
Et qu'on fouette en disant : « Souris ! »

Oh ! ce drôle patibulaire
Qui traînait son flegme allemand
Au meurtre, et brûlait sans colère
Nos chaumières, tout en fumant !

Rappelle-toi ! Quand une balle
Le jeta par terre, suivant
Sa consigne de cannibale,
Il cherchait d'où soufflait le vent,

Et calme, assis sous un vieux porche,
Il disait à ses argousins
D'aller vite jeter la torche
Au milieu des chaumes voisins !

Faut-il que je te la raconte
Cette lugubre histoire, dis !
Et celle de ces jours de honte
Où tu fuyais, ô jours maudits !

*Où, quand résonnaient ces syllabes
Faites pour le gosier des porcs,
Tu criais grâce à deux Souabes
Liés sur leur selle, ivres-morts.*

*O paysan ! je te rappelle
Ce temps lugubre ! en vérité,
J'aimerais mieux prendre la pelle
Et recouvrir ta lâcheté*

*De terre, de sable, de cendre,
De chaux vive, pour qu'à jamais
Ce soit fini. Mais tu vas tendre
Le col au joug ! Tu t'y remets !*

*Tu vas, après tant de désastres,
Demander encore au curé
Quel mortel choisi par les astres
A tous doit être préféré !*

*Tu prends le bulletin de vote
Que le marquis de Carrabas
Remplit de sa plume dévote
Et te jette en criant : « Là-bas ! »*

*Et nous verrons sortir de l'urne,
Sifflant, rampant comme autrefois,
Un essaim lugubre et nocturne
De Bonapartistes sournois.*

Le Casque.

*Tous ceux que notre République,
Naissant, d'épouvante frappa
Vont revenir d'un pas oblique.
Prépare ton* mea culpa !

*Ou plutôt, regarde le casque !
Un crâne hideux est dessous.
Demande-lui quelle bourrasque
L'a fait rouler jusque chez nous !*

*Il te dira que la tempête
Qui te ruina l'an passé,
Pauvre paysan, était faite
Avec ton vote mal placé,*

*Qu'elle gronde encor dans les nues
Aussi terrible, et que tu vas
Déchaîner, si tu continues,
Son tonnerre qui ne dort pas !*

*Va donc ! et la prochaine année,
Puisque ce plaisir est le tien,
Tu mettras sur ta cheminée
Un second casque prussien !*

Beaumesnil, septembre 1871.

V

La Presse nouvelle.

I

Rime, belle vagabonde,
Rime d'or, ô tête blonde,
Toi qui courais par les champs
Comme une abeille enivrée,
Prends la trompette cuivrée
Et passons à d'autres chants.

O Rime ! c'est par la ville
De Haussmann et de Clairville
Que nous nous promènerons.
Adieu les prés pleins de joie,
Le clair rayon où tournoie
Un peuple de moucherons.

Laissons au bois les linottes,
Il nous faut prendre des notes
Sur un morne calepin,
Et, pour pénétrer les choses
Que jadis on tenait closes,
User des tours de Scapin.

La Presse nouvelle.

Rime, il faudra, la première,
Produire en pleine lumière
Le secret que l'on cachait,
Descendre aux lieux interlopes
Et sonder les enveloppes
Sans abîmer le cachet.

O Rime! ce qu'il importe
C'est d'entre-bâiller la porte
D'un boudoir mystérieux,
Dire au juste quelles sommes
Cora perçoit, car nous sommes
Devenus très-curieux,

Curieux à la manière
D'une bonne cancanière,
Non de l'art, de ses destins,
Mais de petites nouvelles.
Pour exercer les cervelles
Des amateurs de potins.

O Rime! il faut nous soumettre
A ce que veut notre maître
Le Public, être exigeant,
Dont le droit incontestable
Est que l'on serve à sa table
Ce qu'il veut pour son argent.

Dans l'air où les gypaëtes
Prennent leur vol, les poëtes
Empoignaient les astres d'or
Par leur crinière de flamme ;
Maintenant on les réclame
Aux deux bouts d'un corridor.

Résignons-nous donc, ô Rime !
Puisqu'il le faut, je me grime
En reporter. Viens, laissons
Là poëmes et ballades,
Les strophes sont bien malades !
D'autres temps ! d'autres chansons !

Chantons-les donc ! A la Muse
Donnons, puisqu'on s'en amuse,
O Rime ! un coup de poignard !
Art, mot creux, idéalisme !
Nous ferons du journalisme
Tel que le comprend Magnard.

II

Dénonçons, avec ivresse,
Avec joie, avec tendresse,
Tout, nos amis, nos parents,

Le chant que Bulbul cadence,
Et la douce confidence
D'Agnès aux yeux transparents.

Dénonçons, sans paix ni trêve ;
Soyons mouchards même en rêve !
O Rime ! ressuscitons,
Telle que nous l'encadrâmes,
La Venise des vieux drames
Et des romans-feuilletons.

Le gai ferreur de cigales,
Battant sous les astragales,
Du pampre aux coteaux d'Aï,
Une folle pretantaine,
D'une voix sombre et hautaine
Dit : « Je suis Homodeï ! »

Foin du scrupule incommode !
Puis la chose est à la mode :
On dénonce aujourd'hui pour
Faire comme tout le monde.
Ce métier jadis immonde
A pris sa place au grand jour.

Joyeux et fier, il étale
Au front de la capitale
Son gros ventre et ses écus ;

Il exige qu'on l'honore
Lorsque son rire sonore
Éclabousse les vaincus.

Et c'est lui qui représente,
France, ô France frémissante,
Aux yeux vers le ciel levés !
Pour quelques marionnettes
Le clan des hommes honnêtes
Et des gens bien élevés.

III

O vieille presse française,
Vidocq fait son diocèse
De ton domaine. Aujourd'hui
Devant la sombre milice
Des hommes de la police
Les littérateurs ont fui.

Le fantoche Covielle
Donne lę la sur sa vielle
A l'aimable Jollivet,
Et le Frelon de Voltaire,
Louche et hideux, sort de terre
Entre Koning et Blavet.

*Aussi, quand un Gavardie
Qu'un beau courroux incendie
Dénonce un livre au bourreau,
Il fait bourdonner, farouches,
Un essaim de noires mouches
Du* Gaulois *au* Figaro.

*O Muse! est-ce assez de honte?
Voile-toi les yeux. Surmonte
Ton dégoût, et dans l'azur
Envolons-nous. Que ton aile
T'emporte, Muse éternelle!
Loin de ce cloaque impur.*

*Oublions ces laides choses
Et dans les splendeurs écloses
Où les clameurs et les cris
De cette presse odieuse
N'arrivent pas, radieuse,
Redis-moi nos chants proscrits.*

Paris, mars 1872.

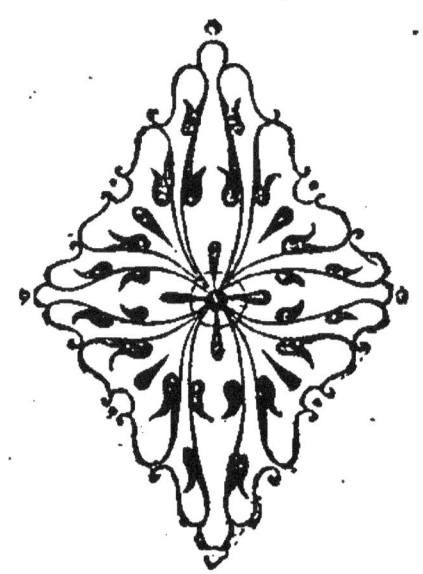

TABLE

	Pages.
A J. Lazare.	1
LES VIGNES FOLLES.	5
Aurora.	10
A Ronsard.	12
Partie de campagne.	16
Rondel.	17
Nuit d'été.	18
Pour une Comédienne.	21
Clotilde.	23
Distiques galants.	24
La Bacchante apprivoisée.	25
Lydia.	27
L'attente.	29
Chanson.	31
A Mademoiselle Primerose.	33
Fantoum.	36
Les Roses et le Vin.	37
Confession.	39
L'impossible.	43
L'insoucieuse.	47

Fiat voluntas tua	51
La Joie	55
La Course	58
Repos	61
Circé	64
Les Bohémiens	67
L'isolé	70
Les Antres malsains	75

LES FLÈCHES D'OR

	85
A Théophile Gautier	87
Nocturne	90
Roman comique	92
A Miss Mary	95
Marivaudage	96
A Ernest d'Hervilly	98
Galanterie	100
A Cypris	102
La Normande	104
Chanson	105
L'art poétique de Thérèse	107
Promenades sentimentales	109
Sous la Tonnelle	113
Paresse	114
Sonnet pour Thérèse	116
Chanson d'hiver	118
Pelletées de terre	120
Stabat Mater	122
Maritorne	129
L'idiote	131
Maquillage	135
Le Facteur	139
Joie d'avril	141
Voici le soir	143
Méduse	144
Les Petites amoureuses	146
Les Rêves	148

Les Jouets	149
Le Donec gratus... de la rue Monsieur-le-Prince .	150
Imitation.	153
Soirs d'hiver.	156
Promenades d'hiver	158
Maigre vertu	159
Menneval.	161
A la vallée de Denacre	162
Adieu.	166
La blessure de l'orgueil.	169
Le Vagabond	173
L'aiguillon	176
Ariane.	180
La naissance de la Rose.	182
Latone	185
La mort de Roland	187
L'infante de Savoie	190
L'épouse coupable.	196
La petite Infante	198
Le voile de Tanit.	201
Catherine	202
La Chanson ignorée	207
Prologue d'une comédie bouffonne	209
Réveil.	211
Le château romantique	212
Une exécution.	217
GILLES ET PASQUINS	225
A Camille Pelletan	227
I. Prologue.	229
II. Le Revenant	231
III. *Le Siècle*	234
IV. Les Préfaces de Dumas fils	237
V. Rondels	240
VI. Lamento.	245
VII. Gautier à l'Académie.	248

VIII.	Santissimo Carnevale	250
IX.	Qu'est-il devenu ?	254
X.	Mademoiselle Giraud.	257
XI.	Églogue.	261
XII.	Les Rois s'en vont	266
XIII.	Rouher triste	270
XIV.	Confession.	274
XV.	Faits regrettables	279
XVI.	Parades de la Foire	283
XVII.	Comité d'Albuféra	286
XVIII.	Le Melon de Gill.	290
XIX.	Le Lis dans la Chambre	292
XX.	Question d'art.	295
XXI.	Après un départ	302
XXII.	A Monti et à Tognetti	304
XXIII.	A Mélingue.	305
XXIV.	A Madame la marquise de Z.	307
XXV.	Monselet dévoré par les homards.	312
XXVI.	Examen de conscience	313
XXVII.	Sonnets spartiates.	314
XXVIII.	Marée descendante	316
XXIX.	Magnard.	318
XXX.	Douleur de Ravajon	319
XXXI.	La Chute d'un Ange.	322
XXXII.	Déjà nommé	324
XXXIII.	Pour une Dévote.	327
XXXIV.	Les Jumeaux	330
XXXV.	Halte de Comédiens.	334
XXXVI.	Roman comique	335
XXXVII.	A Jacques de Launay.	338
XXXVIII.	A Cosette.	341
XXXIX.	Dans la rue.	342
XL.	A Sully Prudhomme.	343
XLI.	A Alexandre de Bernay.	344
XLII.	Carte de Visite	347
	Épilogue	351

Appendice	357
I. A Pierre Véron	359
II. Dans les Maquis	364
III. Versailles	368
IV. Le Casque	372
V. La Presse nouvelle	376

Achevé d'imprimer

le 15 mai mil huit cent soixante-dix-neuf

PAR CH. UNSINGER

POUR

ALPHONSE LEMERRE, ÉDITEUR

A PARIS

www.ingramcontent.com/pod-product-compliance
Lightning Source LLC
Chambersburg PA
CBHW050906230426
43666CB00010B/2046